香港在中國

香港在中國
重新思考內地與香港關係

陸恭蕙、高禮文 著

魏磊傑 譯

陳弘毅 序

香港城市大學出版社
City University of Hong Kong Press

鳴謝

感謝所有協助我們撰寫和出版本書之人。尤其感謝廈門大學魏磊傑教授為翻譯此書而付出的辛勞,以及香港大學陳弘毅教授為出版此書而提供的慷慨支持。

國際統一書號:978-962-937-618-5

出版

　　香港城市大學出版社
　　香港九龍達之路
　　香港城市大學
　　網址:www.cityu.edu.hk/upress
　　電郵:upress@cityu.edu.hk

Hong Kong in China: Rethinking the Hong Kong–Mainland Relationship
(in traditional Chinese characters)

First published 2021
Second printing 2021

ISBN: 978-962-937-618-5

Published by
　　City University of Hong Kong Press
　　Tat Chee Avenue
　　Kowloon, Hong Kong
　　Website: www.cityu.edu.hk/upress
　　E-mail: upress@cityu.edu.hk

Printed in Hong Kong

目錄

第一部分

第二部分

第三部分

前　言

　　香港從英國的殖民地回歸中華人民共和國，成為香港特別行政區，已過去二十多年。自1997年回歸以來，香港出現許多積極的變化。與此同時，香港一再發生政治事件和政治僵局，不僅引發了一系列嚴重的政策延誤，還令香港人處於憂慮之中。有人認為，香港深陷此等困局之中，難以再創輝煌。

　　置身於中國領土之內，香港特區政府能否暢想一個美好的未來？最近，我們經 Abbreviated Press 在香港出版了一本名為《不做旁觀者：再譜香港新章》（*No Third Person: Rewriting the Hong Kong Story*）的英文小書（http://www.abbrv.press/nothirdperson.html），正是旨在解答這個問題。然而，對於香港的未來，我們認為仍有必要作出更為深入和充分的討論。為此，我們在新加坡《國際公共政策評論》（IPP Review）網站發表了一篇名為「香港在中國」的評論，繼續就這一核心問題作延伸闡釋。本書中文譯本之編印已獲 Abbreviated Press 和《國際公共政策評論》慷慨應允。

　　1996年，最後一任香港總督彭定康（Chris Patten）曾指出，「若中國繼續進行其勇敢的經濟革命，世界應該期待她取得成功」。彼時我們贊同這觀點，現在亦同樣如是。本書分為三個部分，解釋了為何香港置身於中國之內，能夠保持其獨一無二的優勢地位，像過往曾取得輝煌成就一樣，繼續塑造自身美好的將來。

　　本書第一部分分別從中國和英國兩方的角度，對香港過去兩個世紀的歷史背景進行了粗略的勾勒。同時亦闡釋香港回歸中國之後的憲制與法律結構，並考察了此種政治體制面臨壓力之時究竟是如何運作的。第二部分則談及香港的經濟基礎，並探討影響

着中港關係的地緣政治壓力。第三部分探討香港如何能夠擺脫僵局，藉此建構嶄新的敘事——置身中國之內的香港故事。

我們向那些為本書提供建議和評論的師友致以由衷的感謝。其中包括香港大學的陳弘毅教授和傅華伶教授，以及加拿大多倫多約克大學Osgoode Hall法律學院的榮休教授Harry Glasbeek。特別感謝廈門大學法學院魏磊傑教授及其團隊，為本書進行翻譯工作。當然，本書談及的所有觀點，以及可能存在的疏漏和錯誤，概由筆者一律承擔。

陸恭蕙、高禮文

序言

「後國安法時代」的香港論述

「一國兩制」是什麼？如何理解香港特別行政區的「高度自治」與國家的主權和「全面管治權」的關係？港人的身份認同應該是怎樣的？對於「香港故事」應有一個怎樣的論述或敍事？如何理解香港的過去？香港會有一個怎樣的未來？「一國兩制」的路如何走下去？

在「後國安法時代」，這一系列的問題比歷史上任何其他時間更為迫切，甚至令不少港人為之焦慮。雖然本書成書於《國安法》通過之前，但它已經帶出了這些問題，並為這些問題提供了初步的答案。在「後國安法時代」的今天，本書比它在其寫作的時刻，對我們更有意義，更有價值，更具啟發性。

本書的作者是陸恭蕙女士和Richard Cullen教授。陸女士是香港的公眾人物，曾在回歸前擔任立法局議員、在回歸後擔任香港特別行政區立法會議員，並曾出任香港特別行政區政府環境局副局長。陸女士也是一位學者，有多本著作。Cullen教授來自澳洲，曾在香港城市大學法律學院任教多年，近年來則任教於香港大學法律學院。兩位作者都是長期居於香港、為香港社會服務並熱愛香港的知識分子，本書是他們多年來對於香港在「一國兩制」下的境況和「香港故事」的思考的結晶。

作者在本書中指出，關於香港的身份、地位、前途和命運，需要有一種共同理解，也就是書中提到的「論述」或「敍事」（narrative），也就是關於如何敍述「香港故事」的一個答案。他們進而指出，如果把香港的身份和命運寄託於西方式民主政制在

香港的建立，實現所謂「雙普選」，這是以偏概全的，因為香港並不是一個國家，也不是一個獨立政治實體，香港是她的祖國的不可分割的一部分，港人必須認識其祖國，並嘗試理解香港作為中國的香港所應該和可能扮演的角色。

「泛民主派」政治人物把其所有精力投身於在香港建立西方式的民主政制，但這不是香港的宿命。可是這也不是說香港應該變成完全像內地的大城市一般的另一個中國城市。作者指出，在歷史上香港是中西文化交匯點，華洋共處，吸收了不少現代文明的理念和做法。香港是祖國的寶貴的資產，作為一個高度國際化的大都會，香港的前途仍是無可限量的。在「一國兩制」的憲制框架下，「兩制」完全可以相互合作，互補對方的不足，共存共榮，為我們的祖國創造一個更美好的明天。

我認為本書的觀點在「後國安法時代」仍是洞見。有人認為《國安法》的制定標誌着「一國兩制」的結束，我不敢苟同。《香港特別行政區基本法》第23條本來已經說得很清楚，制定禁止叛國、分裂國家、顛覆中央人民政府、煽動叛亂等危害國家安全的行為的法律，是香港特別行政區的憲制責任。2003年第23條立法因「七一大遊行」而被擱置之後，直至2019年的「反修例運動」為止，中央從沒有指令行政長官立刻重新啟動第23條的立法。

2007年底，全國人大常委會制定關於行政長官普選的時間表（即在2017年實現普選），當時也沒有要求香港完成第23條立法作為普選的先決條件。由此可見，當時中央對港政策甚為寬鬆，而且並不認為第23條立法有其迫切性。2019年「反修例運動」出現的「黑暴」情況，終於使中央認為，如不進行保障國家安全的立法，香港的亂局將難以收拾。也正是因為這個亂局，當時特區政府已經沒有政治能量去進行第23條立法。中央在這情況下迫不得已由全國人大和人大常委會出手，制定了《港區國安法》。正如中央官員一再指出，國安法只是訂出了「一國兩制」下「一國」的底線，即不可分裂國家、不可顛覆國家政權等最低要求，只要不觸犯這條

底線，不以身試法，港人仍有寬闊的自由空間，「一國兩制」中的「兩制」依然健在。

其實自從2014年的「佔中」運動開始，「一國兩制」在香港的實踐已經走入歪路。2014年全國人大常委會的「八三一決定」，目的是根據《基本法》第45條關於提名委員會的規定和2007年人大常委會關於特首普選時間表的規定，設計一個可行的普選模式，既讓港人普選行政長官，又保證當選的行政長官是中央願意任命的愛國愛港者。我相信中央這個關於實現特首普選的決定是善意的，但「反對派」人士卻認為它不符合他們心目中的西方式民主普選的理念，堅決反對並演變為「佔中」。

2015年，普選方案被立法會否決。在2016年的立法會選舉中，「本土派」崛起，出現了兩位本土派議員在立法會就職宣誓時的「港獨」言行，全國人大常委會被迫釋法，說明《基本法》第104條關於宣誓擁護《基本法》和效忠中華人民共和國香港特別行政區的要求，這導致一些「本土派」議員依照法院的判決被逐出立法會。一些批評者認為，這是中央收緊「一國兩制」空間的表現。但實際的情況是，在2016年之前，並沒有主張「港獨」的人士進入立法會，所以中央當然沒有必要對這問題進行釋法。2016年的釋法不等於中央收緊對港政策，而是由於在之前未有出現的港獨活動在2015年後出現，中央需要對於急劇轉變中的形勢作出反應，訂出必要的底線。

2019年《逃犯條例》的修訂，也被一些社會人士認為是中央收緊「一國兩制」政策的表現，他們以為如果修例成功，任何港人都有機會因涉嫌違法而被引渡到中國內地進行審訊，這是對港人的人身自由的重大威脅，所以他們認為修例是一項惡法，而反對惡法的通過則是絕對正義的行動，警方對參與正義行動的人士動武，便是警權的濫用。

雖然在香港有不少「黃營」人士持有以上的觀點，但我不敢苟同。修例的緣起是「陳同佳案」，如果沒有陳同佳涉嫌在台灣殺了

其女友，便不會有修例的提出。陳回到香港之後，台灣當局提出引渡要求，但由於香港法例不容許香港和中國任何其他地區之間的引渡，而根據香港法律，台灣是中國的一個地區，所以特區政府便提出建議修改現有《逃犯條例》的規定，以建立「個案式」（而非基於條約）的引渡安排，這個安排可適用於香港與任何並未與香港訂立引渡條約的司法管轄區之間，包括世界上百多個國家、中國內地、澳門和台灣。建議的引渡安排只適用於嚴重的普通刑事案件，現有法律中「政治犯不引渡」的原則仍將維持不變。

這個修例建議是由特區政府主動提出的，並不是中央政府要求或授意特區政府進行的立法。引渡是國際間普遍接受的刑事司法合作的安排，目的是確保在一個國家犯案的人士逃到另一個國家時，仍能予以繩之於法。因此，認為2019年的修例的目的是削減港人的自由和人權、修例絕對是惡法，這是基於一定程度的誤解。再者，在「反修例運動」爆發的2019年6月，特區政府已宣布無限期擱置這個修例，其後更宣布撤回法案，但「反修例運動」還持續下去，越演越烈，變成大規模的「黑暴」，這便完全超出了「反修例」的初衷。

從「佔中」到「反修例」，從「反修例」到「黑暴」，反映出「一國兩制」的實踐已經嚴重出軌，脫離了其原有和應有的軌道。有人說《國安法》只是「治標」而不是「治本」，我認為如果要「治本」，就必須重建關於「一國兩制」的論述或敘事，這正是本書要探討的課題。正如本書作者指出，要讓香港在「一國兩制」下有一個新的論述、新的敘事、新的自我認識，糾正以往的錯誤或偏差，就必須認識清楚香港作為中國的一部分的現實。

香港是中國的一部分，而中國是當今世界的大國、國際社會的重要成員。中國和其他國家的關係，在很大程度上決定了香港和其他國家的關係。在2019年「反修例運動」中，曾有大批美國國旗在示威中飄揚的場景，有人竟以為可以倚靠外國勢力來在香港實現他們的訴求。眾所周知，中國和美國的關係，不單有競爭的成分，近年來更出現了對抗的成分，甚至有「新冷戰」的提法。港人

只能選擇站在中國的一邊，還是站在美國的一邊。大多數香港市民都是中國公民，我們當然要站在中國這邊。任何關於香港的「一國兩制」的論述，都不能離開這個基礎，而這也是本書的觀點。

但願在未來的日子，香港社會能回歸理性，修補香港和中國內地的關係，重建一種健康的、讓香港和內地「雙贏」的關於「一國兩制」下的香港的論述或敍事。只有這樣，唯有這樣，我們香港市民和我們的下一代才能繼續以香港為家。

陳弘毅

香港大學法律學院

2021年2月16日

第 一 部 分

第一章
引論

　　強而有力及闡釋清晰的敍事可以連繫過去與未來。這些敍事更可令公眾產生信任，並採取行動。一個良好的敍事甚至可說服其他人相信某些人或某些事，即使對於所發生的事情沒有直接的利害關係，都是特殊的，而他們也會堅定不移地希望那些直接牽涉其中之人可以順利實現所想。

　　1997年以前，英國譜寫了一段關於香港的美好敍事。生活在殖民地時代的香港人，勇敢堅毅，辛勤勞作；鑒於曾被英國以西方模式的威權法治統治，香港人在其仁慈治理之下受循循善誘，故即使有朝一日被自由欠奉的中國統治，他們仍然可以創造巨大成就。香港人都是世界主義者，他們可以隨心所欲，做自己想做的事情，尤其是在受普通法法律制度所保護的資本主義體制下，盡可能創造更多財富。

　　中華人民共和國也有書寫其關於香港的敍事。在19世紀，英國從貧弱的中國攫取這片土地，而1997年香港回歸祖國標誌着這段漫長而又屈辱歷史的終結。香港在中國將會享有非常特殊的地位；而在中國明智和務實的「一國兩制」政策之下，香港將能如過往般保持政治穩定與經濟繁榮。

　　英國的觀點也是彼時國際傳媒聚焦之處。大多傳媒相信香港與香港人具備在1997年以後繼續維持成功的因素與條件。中國正在踏上現代化的道路，伴隨迅速的經濟增長，中國將會變得

更為「資本主義化」。經濟改革會促進民主轉型，令中國可以順理成章走上「自由民主化」的道路。這也是一直謀求中國加入他們全球陣營的西方列強所期待的。然而，1989年的天安門事件是一個轉捩點——象徵自由民主體制最終會取得勝利。從長遠來看，只有中國成為自由民主的國家之後，香港才能更好地維持自由，充分實現其渴望的民主制度。

中國的現代化進程在後毛澤東時代開始迄今已逾40年，而香港回歸亦已經21年，英國版本的香港敘事已不再適用。香港人對自己已經信心不大，而且他們的未來也似乎愈發不明朗。其他人似乎也覺得香港正在日漸失去其魅力。殖民時代的香港之所以能夠吸引他人注意，是因為她是時代的產物——其存在本身就是一種優勢。一旦再次成為中國的一部分，若香港能挑戰北京當局的權威，她仍會備受矚目，尤其是西方國家。如果她沒有引發政治紛擾，則會變得暗淡無光。與此同時，中國——尤其是隨着其迅速崛起，仍會讓西方國家回想起其「黃禍」（yellow peril）形象。

在西方人的意識中，他們希望看到一個頑強獨立的香港，「勇敢地面對」專制的北京政府，就如《聖經》故事裏少年大衛（David）以弱勝強，打敗了巨人歌利亞（Goliath）一樣。然而，這應該不是香港樂見的結果。香港將會輸，而且沒有人會在乎。19世紀的英國首相巴麥尊（Lord Palmerston）曾說過在地緣政治中，沒有永遠的朋友，也沒有永遠的敵人，只有永遠的利益。此名言現在仍然適用，也就是說香港不應與中央政府為敵。

香港必須創造一個嶄新敘事，以激勵人心，繼續前行。這個城市和其民眾現在正身陷囹圄。他們缺乏一個引人入勝的敘事，以連繫過去與未來。英國版本的香港敘事已成為歷史；北京版本的敘事亦是以一種精神創傷遺產的方式加以講述的。在此等情況下，只有香港才能創造屬於自己的敘事，以理解過去、闡釋現在，並勾劃出一個可信、鼓舞人心且能夠引發廣泛關注的未來。

　　一個好的故事會成為反覆講述的敘事，不僅可以獲得各方積極的支援和鼓勵，還能夠引發具建設性的回饋，並從中獲益。只有香港了解自己所經歷的考驗與磨難，才能令其民眾和其他人理解這個故事主角走過的驚人旅程。這應該是一個備受世界矚目的敘事，將這個地方、這裏的人民、他們的經驗與文化，以及制度的獨特性編寫在其中。這個敘事的設定不應是「資本主義好」與「社會主義劣」這一簡化的背景，而是應該以全球地緣政治變化為背景：中國是一個正在崛起的大國，而西方列強則在對她們在第二次世界大戰後建立起來的全球政治經濟架構提出質疑。

第二章
英國殖民地香港的傳統敍事

香港創造了世界上其中一個最成功的社會。
查理斯王子 (Prince Charles)

眾所周知，休斯（Richard Hughes）曾在1968年出版的著作中，形容香港是一個「借來的地方」，過着「借來的時間」[1]。此書的書名帶出了重要的信息，就是英國殖民地時代的香港是第二次世界大戰後地緣政治的一個反常現象：一個歷史遺留下來的殖民地前哨，終有一天可能會不復存在。

鴉片戰爭後，清政府割讓香港島和九龍半島給英國。隨後，新界亦以九十九年期租借予英國。雖然殖民主義在第二次世界大戰之後不再流行，許多前殖民地紛紛獨立，但中國在1972年明確表示這不會是香港的命運。香港的問題將會「在條件成熟之時通過和平談判方式解決」。

殖民地香港是一個「東西方文化交融」，而且非常有趣的地方：一個靠近「紅色中國」的自由資本主義社會。在這個城市裏，「西方」的影響無處不在，物質主義的追求佔據了城市生活的很大一部分。至1970年代，香港一直是西方留存在遠東地區重要

---

1. 這大概是關於香港最有名的一句Slogan：借來的時間，借來的地方。它起源於1968年，長駐在東亞與香港的澳洲籍記者休斯（Richard Hughes）描寫香港的一本書。在書中，他坦承，這句被用來做書名的原話，出自著名作家、比利時與中國混血的韓素音。她1959年在《生活雜誌》（*Life Magazine*）發表的一篇文章中寫道：「擴於強敵狗咬狗骨之爭鬥中，只有寸土之香港竟能與之共存，原因令人困惑費解，但香港成功了，就在借來的時間、借來的地方。」

的前哨基地。基於香港與英國的關係，她成為西方的一個重要渠道，以監聽在毛澤東時期對外封閉的中華人民共和國。

香港的多姿多彩與共產主義中國的陰鬱單調形成鮮明對比。在這個面積約1,100平方公里的英屬領地上，財富迅速增長；相反，毗鄰的中國內地則出現大規模的貧困。香港是一個在溫和而高效的英國政府統治之下經濟取得成功的華人社會，民眾亦在普通法制度下享受着英國式的自由。對世界上其他國家來說，香港是從事商業活動的絕佳地方。據稱，香港人本來就不太關心政治，他們都忙着賺錢。事實上，香港並非完全非政治性。這裏存在大量本土政治問題，殖民地政府需要處理英國在香港的商業利益，以及中國人的商業利益。港英政府必須通過任命社會領袖為政府委員會（包括本地立法機關）成員，來獲取他們的支持，並向其頒授英女皇的榮譽勳銜予以肯定。

英國人知道他們必須思考香港的前途。時光飛逝，新界的租約於1997年6月30日屆滿。1979年，時任港督麥理浩（Murray MacLehose）訪問北京，拜見了當時中國的最高領導人鄧小平，並提出有關延續和修訂新界租約的問題。據說，這次會面引起北京當局對香港未來的審慎討論，並促使其最終決定收回香港主權。

經過幾輪談判後，中英兩國達成協議，於1984年簽訂《中英聯合聲明》。該協議定明在新界租約期滿後，中國將收回整個香港地區，恢復對香港行使主權。中國承諾實施「一國兩制」政策，賦予香港在日常事務中享有「高度自治權」。《中英聯合聲明》被形容為當時存在的最佳交易方案。英國希望獲得世界輿論的支持，而英國政府的表述是她已經盡其所能為香港獲取一份1997年之後穩固持久的協議，並竭力為香港平穩過渡作好準備。此外，這項協定亦提到選舉的事情。當時由戴卓爾夫人（Margaret Thatcher）領導的英國政府認為，為了獲得議會對其與中國簽訂協定的支持，聚焦這一點頗為必要。

這個關鍵時期的香港敍事指出,這顆寶石——在過去150年間經英國精心製作,並得益於勤勉的本土居民的幫助——正交還中國這個實行共產主義、經濟相對落後的國家手中。1984年,中國人均國內生產總值(GDP)僅不足香港的5%。憑藉其公認的非政治性、民眾的努力及英國高效率管治的巧妙結合,香港在國際間的地位堪比其他國家。

在香港,民眾對回歸所引起的爭議能否真正解決感到擔憂,這是可以理解的。許多人都對實行共產主義的中國抱負面印象,因為他們曾在1949年之後的不同時期逃離內地,前往殖民地香港避難。尤其是在1989年天安門事件之後,成千上萬人——大部分是有經濟實力和職業技能的人,移居國外。他們主要遷移到接受移民的傳統英語國家,例如澳洲、加拿大和美國等。

香港的敍事實際上是「資本主義與共產主義」、「民主與威權主義」、「自由與控制」之間更大地緣政治衝突的完美體現。儘管殖民主義已經過時,但從西方的角度來看,英國是「溫和的」統治者,而中國則是「獨裁的」,不受歡迎的共產主義體制是「專制的」。當時,資本主義與自由民主的結合被認為是經濟和地緣政治成功的最理想模式。

香港人必須確信事情可以妥善解決,而「一國兩制」則是唯一可以解決問題的方法,因為中國承諾香港可以繼續維持在英國統治時期的制度和生活方式。事實上,中國領導人並沒有忽視香港在社會經濟方面比內地更為先進的事實,使「第二個體制」在「一個國家」之中存在便是一個務實的解決方案,以贏得香港的民心。中國領導人必須令1997年回歸後的香港取得成功,才能表明他們能做得和英國一樣好。彼時,國際社會雖對香港充滿希望,但內心仍抱有懷疑的態度。畢竟,1980年代的中國才剛剛開始現代化的進程,並不能保證她的努力會取得成功。多年來,隨着向中國統治過渡的不斷推進,香港贏得了世界的矚目。

香港的殖民地背景

西方國家在世界其他地區的經驗主要來自其建構西方帝國的經驗。19世紀時帝國主義的興盛，也助長了那些工業強國在世界廣泛地區進行殖民擴張，從而擴展領土，獲取新的自然資源。英國是一個最成功的殖民者之一。她在世界各地攫取了許多殖民地，包括香港，並統治了這些地方很長的一段時間。

英國對中國最南端的土地頗感興趣，希望以此為據點發展貿易。在1842年訂立的《南京條約》第3條明確規定將香港島割讓給英國，以便英國商人「修船及存守所用物料」。在香港建立管理機構，也是為了促進英國的商業活動。為提升商業效率，殖民者將英語設為官方語言，建造新的實體基礎設施，建立英國人所熟悉的法律體系，創製警務系統以執行其殖民統治，允許「自由」的英文媒體能夠報導商業資訊，並推行一套管理殖民地事務的文官制度。大部分行政工作都是由接受過英語教育的本地人完成，但政策制定則由英國官員負責。隨着殖民者的到來，基督教傳教士開始設立學校來教育和改變當地人的信仰，同時也開始教授英語，以便當地人能夠為殖民事業效力，並促助其發展。

許多的殖民地都為英國財富和權力的增長作出貢獻，但管理成本卻十分高昂。最好的情況當然是管理殖民地的同時，不會對英國財政部造成負擔。殖民地的管理應當是自給自足的。就香港而言，英國別出心裁地創建了一套出色的土地收入制度，與徵收土地稅十分類似，但事實證明它比傳統的土地稅更為有效，收入更高。

早期的殖民者宣稱所有的土地都屬於皇室所有，只能以批租的形式出售。香港只有兩處地方是例外的：聖約翰座堂所在的土地，以及曾經由一家英國貿易公司經營、位於北角的前太古船塢。除這些例子外，所有土地都是在支付了巨額的預付地價後，

以長期批租的方式授予的。隨着殖民地經濟的快速增長，提出改變土地用途的申請迅速湧現。為了確保每一項變更都獲批，還須預先繳付更多費用。這個安排確保政府能夠獲得可觀的經常性收入（從大約1880年開始，政府收入最終因徵收大量鴉片稅而迅速增加）。這種與土地有關的收入制度蓬勃發展，至今仍在運行，繼續是香港簡單、低稅率和傳統財政收入制度的一大支柱。

華人精英——其中很多是英國人的貿易夥伴——被期望能夠為整個香港社會的貧窮人口提供幫助。於是，一眾富有的精英成立了多個慈善機構，如東華三院等，為華人提供服務。在大部分殖民地時期，英國人與華人的社交生活一直是分開的，只有一小部分西方化的華人精英會與英國人交往。

殖民主義從來不會是一個公平與公正的體制。當地人被征服，而殖民者總是擔心潛在的民族主義傾向。香港也並無不同。在中國，清朝的滅亡造成政治真空。民國時期（1912–1949）是一個政治不穩定的時期。在此期間，中國共產黨於1921年成立，同時亦發生了兩次世界大戰。1949年，中國共產黨在國共內戰取得勝利，起初為建立新中國帶來希望。輸掉戰爭的一方——國民黨，移居台灣。雙方繼續在國際舞台上展開鬥爭。1971年，中華人民共和國在聯合國取代了（在台灣的）中華民國。貫穿整段歷史時期，英國確保香港不能被中國和台灣任何一方用作鬥爭舞台。英國擁有嚴格的國家安全法，以阻止騷亂萌芽。

中國共產黨在1949年取得中國政權後，也同意讓英國繼續管治香港。儘管如此，在文化大革命時期，暴力衝突還是於1967年蔓延至香港。這場騷亂徹底重挫香港。在1949年共產黨執政後離開內地的許多當地人，更喜歡英國人——有着良好記錄的「惡魔」，而不是共產黨人，因為共產黨人在1950年代推行了農業集體化，並對所謂的「右派」加以嚴懲。從那時起至1970年代，「紅色中國」一直都是予人貧窮、落後和專制的印象。

　　文化大革命為英國提供了一個鞏固其對香港統治的機會。隨着美國和歐洲經濟的崛起，香港開始向西方看齊，並着重生產用於出口的消費品。種類繁多的商品上都標示着「香港製造」（Made in Hong Kong）的標籤，在那代西方消費者的心中留下了深刻的殖民地印記。

第三章
中國歷代的創傷

我很擔心上帝會因我們對中國的民族罪行對英國做出怎樣的判決。
19世紀英國首相格萊斯頓（William Gladstone）

中國對統治的擔憂源於其悠久的歷史。大部分朝代之所以滅亡，是因為同時有國內叛亂和外族入侵。時至今日，19和20世紀的經歷在中國領導人心目中仍然記憶猶新，影響着他們對於這個世界的看法，尤其是他們對中西關係的看法。中國在近代曾經歷一些關鍵的歷史時刻，驅使中國經濟變得強大，以及在軍事上做好充足準備，令她不再被欺凌與利用。中國的領導人總是覺得，他們必須警惕內部問題，堅定維持國家穩定。

半殖民地與不平等條約

正如中國人所言，中國近代史的開端是因販運毒品而起的第一次鴉片戰爭（1839-1842）。誠如歷史學家藍詩玲（Julia Lovell）在《鴉片戰爭：毒品、夢想與近代中國的建構》（*The Opium War: Drugs, Dreams and the Making of Modern China*）一書中寫到，這是「中國近代史創傷的開端」，而殖民地香港的誕生正是其遭逢的第一次打擊。

從1750年代至1780年代，英國和其他歐洲國家與中國的貿易逆差愈來愈大，因為他們的人民極度渴求中國的茶葉、瓷器和絲

綱。英國致力減少貿易逆差，商人開始向中國走私鴉片。雖然商人獲利頗豐，但英國政府才是最大的贏家，因為英國在亞洲的代理商控制了印度的鴉片生產。至1800年代初期，隨着鴉片貿易的增長，英國對華的貿易逆差開始出現逆轉。

吸食鴉片令中國人嚴重成癮。1839年，清政府禁止出售鴉片，並勒令交出全部鴉片庫存，令英國和其他西方商人怨聲載道。他們希望爭取包括鴉片貿易在內的自由貿易，並捏造暴行，煽動英國政府保護其國民和捍衛國家的榮譽。

1839年6月，中國對英國實施貿易禁運，要求英國停止鴉片貿易。清政府沒收了大量鴉片，並將其當眾銷毀。對此，英國的應對方案是集結遠征軍進攻，其中第一批部隊於翌年抵達中國。中英兩國在中國沿海地區多次交鋒。最後一戰於1842年結束，當時英國人佔領了上海，駛入長江，準備向內陸推進，直逼南京。

兩國之間的戰爭可以說是一面倒。中國的防禦能力、武器配置、部隊組織和訓練都難以與英國匹敵。藍詩玲描述了當時關於中國人遭受重大損失的報導：「屠殺」、「被屠殺者的屍體……差不多有三四英尺深」，以及海面上「黑壓壓地佈滿了屍體」。這次戰爭的失敗掀起了中國「百年恥辱」的序幕。1842年簽訂臭名昭著的《南京條約》，便是「炮艦外交」的結果：必須支付大量白銀作賠償、被迫開放五個港口進行貿易、取消關稅，以及規定西方人在條約港口不受中國法律管轄。英國人也借此攫取了香港島，使之成為一個自由港。

為了進一步謀求更好的貿易條件，英國和法國對中國發動第二次鴉片戰爭（1856-1860），並取得勝利。除了天津附近的戰役外，宏偉的北京圓明園還被大肆掠奪和焚燒，對中國人造成另一道深深的創傷。除了支付大量白銀作戰爭賠款外，中國還被迫向西方列強賦予更多貿易權利、將鴉片貿易合法化，以及割讓九龍半島予英國等。事後，掠奪成性的外國列強繼續在中國攫取土

地。英國不想被排除在外，於是在1898年從晚清政府手上取得一份為期九十九年的新界租約。1842年之後的近百年，中國被其人民視為從一個獨立國家淪為「半殖民地」的時代。在此期間，得益於各式各樣的條約，西方列強掠奪了中國的土地，外國人在華亦享受治外法權。

《凡爾賽條約》——再次被騙

清朝於1911年滅亡，中國開始信奉共和主義。在第一次世界大戰期間，中國派出超過14萬名非軍事性的華工到前線挖掘戰壕，並在鐵路、港口和兵工廠為協約國工作。這些華工為在前線作戰的士兵提供後勤保障，甚至在潛艇上提供協助。因為空襲或炮擊而死傷的華工不計其數。

中國希望其在戰爭期間的積極貢獻能在1919年巴黎和平會議上被其他勝利大國肯定。因為德國在第一次世界大戰戰敗的關係，民國時期的中國縱然年輕脆弱，也最希望奪回德國於1898年在青島膠州灣建立的殖民地（山東省也由此成為德國的勢力範圍）。然而，最終的結果是，日本繼承了德國在山東的權益，而英國根據《凡爾賽條約》接管了德國在中國的其他殖民地。西方列強擔心如果將德國在山東的殖民地歸還中國，可能會引發一系列對於領土主張的質疑，從而為帝國主義者帶來諸多麻煩。西方列強更關心自己國家的利益，而不是中國能否被公平對待。在巴黎的中國代表非常憤怒，故拒絕簽署條約。

中國切實感受到被當時西方主要大國（英國、法國和美國）的欺騙、背叛和侮辱。巴黎發生的事情引發了中國的五四運動，因為學生和知識分子都為此感到非常失望，並呼籲國家復興，以免中國再次被羞辱。中國人認為，他們必須找到自己的出路和解決方案來加強和改造國家。在此等情勢下，一種民族主義意識開始抬頭。

與眾不同的道路

在清朝滅亡之前，中國被猖獗的殖民強國，包括日本，侵略和分裂。在槍口威脅下，中國被迫簽訂大量不平等條約。然而，外國勢力的控制並沒有隨着清朝的滅亡而結束。民國時期的中國支離破碎，充斥着地方軍閥和外國勢力之間的爭權奪利。這個國家在政治上一敗塗地，民眾渴望和平及恢復尊嚴。中國人民遭受了巨大的痛苦。

許多人仍然記得，1917年的俄國革命終結了其帝制時代，並建立新蘇聯。受到馬克思主義的啟迪，北京大學圖書館館長李大釗認為馬克思主義為中國的未來提供了典範。他指出：

> 由今以後，到處所見的，都是Bolshevism戰勝的旗。到處所聞的，都是Bolshevism的凱歌的聲。人道的警鐘響了！自由的曙光現了！試看將來的環球，必是赤旗的世界！

李大釗啟發了許多年輕的知識分子，包括他的圖書館職員毛澤東。他們和其他人在1921年創立了中國共產黨。在1949年中國共產黨贏得內戰並成為執政黨之前，中國經歷了許多考驗和磨難，包括第二次世界大戰和中國抗日戰爭。中國共產黨的首要任務是保衛脆弱的人民共和國。中國過去所經歷的一切令中國領導人意識到，國家地位是脆弱的，即使在和平時代也不能等閒視之。

毛澤東改變了這個國家的軌跡。正是在他的領導下，中國共產黨贏得內戰，一個支離破碎的中國得以鞏固，新生政權得以捍衛。有鑑於此，儘管毛澤東在「大躍進」期間為中國帶來巨大和災難性的後果，以及在文化大革命將1949年以來重振的一切毀於一旦，官方對其評價仍舊是三分過七分功。

毛澤東時代的中國並未將香港遺忘。1972年，中國在聯合國明確表示，分別被英國和葡萄牙佔領的香港和澳門是中國領土

的一部分，而解決香港和澳門的問題「完全屬於中國主權範圍的事宜」。「中國的一貫立場」認為問題應「在條件成熟時通過和平談判方式解決」，後殖民地的過渡不應交由聯合國討論。對此，英國表示默許，沒有國家在聯合國提出異議。

隨着1976年毛澤東逝世，中國自1980年代開始實行新的改革政策，使國家穩步向前發展。現在，中國是世界第二大經濟體，僅次於美國。中國正在建設一支現代化的軍隊，並積極參與國際外交活動。儘管時間流逝，但殖民主義和遭受奴役的歷史經歷對於理解當下的問題與國家面臨的危險仍具有意義。殖民主義創造了一個經濟、物質和文化權力相互交織的全球等級體系，影響深遠。西方殖民主義的往事在許多前殖民地國家仍然是一個活躍的政治因素。

偉大復興與中國夢

今天，中國領導人仍在努力建設一個強大的國家，以使中國不再受人擺佈。習近平提出在2050年實現中華民族偉大復興的中國夢的戰略，有其歷史的淵源。貿易和中國市場的開放仍然是中國和西方國家之間的一個重大問題。中國經濟增長的速度和幅度都已成為西方列強擔憂的根源。確保國家內部穩定和不受外部干預仍然是北京的首要關切。

第四章
解決香港問題

當我去了香港，我立刻意識到我想寫一個以香港為背景的故事。

保羅・索魯 (Paul Theroux)

1984年中英兩國簽署的《中英聯合聲明》解決了香港問題，英國同意在1997年7月1日將香港完整交還給中國。中國在對香港恢復行使主權的同時，設立了香港特別行政區。

《基本法》是一份完整和全面的憲制文件，確立香港在1997年之後的憲制框架，為對內事務和「對外事務」的處理提供了巨大的迴旋餘地。《基本法》還授予香港高度自治權與自由，而這些權利和自由都是其他內地地區難以想像的。

香港的憲制特權是值得珍視和捍衛的。香港在對於國家統一和領土完整也非常敏感的「一國」之內，實行一種更加自由的制度會面對不少挑戰，但她不應懷疑自己的能力。對於此事，香港需要小心行事。

內外政策

取得勝利的中國共產黨在1949年之後並沒有從英國手中立即收回香港，因為這可能會引起西方的反對，成為干涉內政的藉口。香港問題是複雜的，由於會影響到國內外事務，因此必須審慎處理，必須把香港看成中國與西方列強打交道的整體戰略。在

中華人民共和國成立的初期，中國共產黨要充分利用香港的特殊地位，這是因為：

> ……這對我們是有利的……香港應該化為經濟上對我們有用的港口……我們進行社會主義建設，香港可以作為我們同國外進行經濟聯繫的基地，可以通過她吸收外資、爭取外匯。

1955年，時任香港總督葛量洪（Alexander Grantham）赴北京進行非正式訪問。在與中國領導人的交談中，他被提醒不應將香港用作反共產主義的基地，而且必須避免任何破壞中國的活動。對此，英國總是小心翼翼。香港仍被英國掌控是因為這符合北京的戰略需要。作為中國主要的貿易和金融通道，殖民地時期的香港在中國具有不可或缺的地位。直到今天，中央政府仍然希望香港能夠忠於「一個國家」，並利用其實行「第二種制度」的諸多優勢，幫助中國實現現代化和民族復興。

「一國兩制」的政治理論

然而，在收回香港之時，中國卻將其主權主張與香港特別行政區的管治區分開來。「一國兩制」的構思便是繼毛澤東之後的中國最高領導人鄧小平所提出來的。他認為這種方法將有助解決棘手的領土問題。他將這種創新歸功於「馬克思主義辯證思維和歷史唯物主義」，或者更簡單地說，就是「實事求是」。

鄧小平認為如果香港人的社會經濟利益，包括他們秉持的自由世界主義（liberal cosmopolitanism）得到保護，他們將接受中國的統治。他認為中國身為一個大國，足以使香港能夠在另一個制度之下得到管治，保持經濟成功，而這正是《中英聯合聲明》和《基本法》意在追求的目標。中國人民解放軍便是彰顯國家主權的一個重要標誌。在香港駐紮中國人民解放軍部隊並不

是為了干涉內政，而是在必要時保衛國家。

任何人都不應忽視的是，《中英聯合聲明》具實質性的第一條聲明，收回香港是「全中國人民的共同願望」，而且正是中國的政策使香港能夠在多個方面享有高度的自治權。最重要的聲明是中國要維護「國家的統一和領土完整」，而香港特別行政區「直轄於中華人民共和國中央人民政府」。

就中央政府而言，香港特別行政區是中國政策之下的產物：中央政府承諾這項政策至少在50年之內，至2047年依然有效，以求在實用主義的基礎之上解決香港的歷史問題；中央政府對香港享有直接的管轄權。在2014年發布關於「一國兩制」的政策白皮書中，中央政府重新強調了這一至關重要的核心要點。這份白皮書面向國內外群眾，以七種語言出版。

「一國兩制」的運作

1997年7月1日，香港成為中華人民共和國境內的香港特別行政區。雖然1982年中國《憲法》第31條允許設立特別行政區，但對香港特別行政區的運作賦予法律效力的卻是來自於1990年由全國人民代表大會通過的《基本法》。制定一部獨立的次級憲制性文件——小憲法，來闡明內地黨國體制的民法法系和香港的普通法體系之間存在的明顯政治與法律差異，便是一種切實可行的方法，以便利中國在一國之內實行兩種不同制度。

《基本法》為香港提供了極高的自治權，除了同樣是特別行政區的澳門——前葡萄牙殖民地之外，中國任何其他地方都是不可能享有的。1997年之後，香港在境內享有廣泛的公民自由，在世界舞台上可以開展廣泛的對外事務（不包括外交和軍事事務）。香港仍然是許多國際機構的成員。香港政府可以在世界各地設立辦事處，而與內地官員不同的是香港的政府官員亦沒有出

國限制，期望由此促進香港的發展。政府首長（行政長官）由受監督的選舉團選出，立法會議員則由普選和（小範圍投票的）功能界別，以同等比例直接「選出」。這就是說，當某些時間表和條件得到滿足時，全面普選才有可能實現。

經過二十多年的運作，《基本法》經得起時間的考驗，確保了香港的自治和自由。面臨的挑戰與下述事實有關：內地與香港在法律行政體制和政治價值層面相差懸殊。這意味着當香港實行的第二種制度與「一個國家」相抵觸時，就會衍生出最棘手的問題。

《基本法》的解釋

在任何現代憲政制度下，都需要有憲法的最終裁決者。《基本法》第158條將這一最終職權授予全國人民代表大會常務委員會（全國人大常委會，NPCSC）。這是《基本法》中引起最多爭議的一個條文。第158條授權全國人民代表大會常務委員會依循中國的憲制架構對《基本法》進行解釋。這與普通法法系不同：在普通法法系中，權力是分立的，而（分立的）法院通常享有廣泛對法律的最終解釋權。

在過去的21年中，第158條被引用了五次。最近一次是在2016年，用以解釋《基本法》第104條，該條規定有關公職人員何時以及如何需要宣誓擁護《中華人民共和國香港特別行政區基本法》和效忠中華人民共和國香港特別行政區。這一解釋是針對一個正在審理中的案件而頒布的，以決定兩名已當選的立法會議員是否因未進行宣誓而喪失立法會議員資格。在就職宣誓過程中，兩人都故意違反宣誓程式和誓詞規定，明顯表達出對中華人民共和國抱有敵意。審理此案的法官認為兩人應喪失其立法會議員資格，因為他們並未採用一般的宣誓形式，事實上以此拒

絕宣誓。同時，他們亦不能重新宣誓，因為在拒絕宣誓之後，他們實際上已經喪失就任立法會議員的資格；必須進行補選。主審法官指他是基於自己的法律推理而作出此項判決。這一判決和全國人民代表大會常務委員會的解釋導致其他四名立法會議員因在宣誓時的戲劇化表演，而被取消任職資格。

考慮到其具有重大深遠的政治意義，這一最新的解釋無疑是最具爭議的。這就是說，法院的判決和全國人民代表大會常務委員會的解釋現在已經清楚表明，若政客不認真宣誓，將會付出沉重的代價。政治舞台表演是不行的。事實上，儘管在香港過去的就職宣誓儀式中亦曾出現類似情況，但當選的立法會議員將宣誓化為戲劇化表演的行徑實屬不敬，是世界上任何重要的立法機構都不可接受的。在2016年，當這政治性表演達到如此程度，以至於直接挑戰國家統一和領土完整之時，容忍的限度被徹底超越。2018年10月，其中一位早前曾被取消資格的立法會議員再次被取消資格，並取消其參與補缺選舉的資格，原因是以往曾經鼓吹香港「民主自決」。

2018年7月，香港特區政府對另一個感知國家安全風險作出回應。香港特區政府保安局局長要求香港民族黨（HKNP）——由青年激進分子在2016年組建的一個政治團體，對其鼓吹香港獨立給予詳盡的回應。隨後，保安局局長根據《社團條例》將香港民族黨列為非法社團，並禁止其在香港繼續運作。這項行動涉及（由英國頒布的）《社團條例》的應用，以維護國家安全之利益，而這正是援引《社團條例》的明確依據。這些（基於具體的法律理由）限制政治參與之表面權利（prima facie rights）的行政行為仍然受制於最終的司法覆核。

在政府發表香港民族黨是一個非法社團的聲明之前，但根據《社團條例》頒布禁止該黨運作的通知之後，香港外國記者會（FCC）主辦了一場午餐會，香港民族黨召集人到場演講，並公開主張香港應該從中國獨立。這引發了不少爭議。更具爭議性的

是，香港外國記者會的副主席、同時也是主辦這次活動的那位英國記者，事後不獲香港特區政府續發工作簽證 (巧合的是，其工作簽證需要在大約同一時間續簽)。

「一國」與法治

香港的法治被破壞的説法可以追溯到1999年，當時全國人大常委會對於《基本法》第158條作出第一次解釋。香港終審法院的一項判決推翻了1997年的《入境條例》修正案，旨在限制享有香港特區居留權的內地人士類別，而全國人大常委會便是對此判決作出回應。因為牽涉到訴訟當事人的關係，全國人大常委會並沒有推翻香港終審法院的判決，但裁定香港終審法院應根據《基本法》第158條，將訴訟事項提交全國人大常委會進行解釋。全國人大常委會隨後通過解釋和應用《基本法》中的某些規定，限制內地人士移居香港。

雖然不需要作出初始判決，因此在嚴格意義上也不完全是香港終審法院判決的一部分，但終審法院指如果有違《基本法》，它有權推翻全國人民代表大會常務委員會和全國人民代表大會頒布的立法。通過提出由香港法院決定國家最高權力機關立法行為的合憲性，這一挑戰觸及內地體制的核心。此主張在內地備受廣泛的批評，但全國人大常委會對此並未發表意見，因為這並非香港終審法院作出判決的依據。

在餘下的其中兩次釋法中，全國人大常委會關注的都是選舉問題。2004年的第一次釋法，詳細説明了香港實施選舉改革的過程，並制定了一個時間表，明確表明2007年行政長官選舉及2008年立法會選舉不會以普選形式進行 (這被廣泛認為是迄今為止根據第158條對《基本法》作出最為激進的解釋)。第二次釋法是在2005年，源於第一任行政長官在任期中途辭去職務。全國

人大常委會採用內地的一項原則，以確保繼任行政長官的任期是上任行政長官的剩餘任期，而不是重新開始五年的任期。第四次釋法是由香港終審法院於2011年提請全國人大常委會，旨在解決一宗企業與國家之間的法律糾紛。

1997年之前，有人預計兩種法律傳統之間可能會發生衝突。二十多年後，從這些解釋和引發這些解釋的情形中可以看出一種模式：

1. 全國人大常委會作為《基本法》的憲法裁決者，可以基於香港終審法院或香港特別行政區政府的請求，或者自己主動引用第158條。

2. 香港不能利用其法律制度篡奪內地機關的權力。全國人大常委會解釋《基本法》的權力是不受限制的，可用作澄清和補充法律，並對地方法院具有約束力。

3. 全國人大常委會在內地體制內的運作方式和高等法院在普通法司法管轄區中的運作方式存在顯著的差異。在普通法系中，存在一項憲法慣例（即習慣），承認最高法院有權通過在特定的主要案件中應用新的解釋來重構基本的法律原則。他們經常行使此類權力，以改變憲法的基本運作方式（這些解釋通常以冗長、詳盡的書面判決形式進行闡述）。憲法文本並沒有改變——但法院卻賦予現存條文嶄新的含義，通常會根據政治經濟狀況的變化而帶來長期的戲劇性後果。作為內地民法法系黨國體制下的主要立法與司法機關，全國人大常委會並無可比之處。其作出的解釋確實具有長期的影響，但釋義通常都是簡短的，而且範圍狹隘——主要用來解決當前、實際、政策性的問題（在中國，將其認定為一種憲法慣例是合理的）。迄今為止，第158條的解釋彰顯了這一主要區別。（與普通法系的高等法院相比）這一慣例對全國人大常委

會的解釋權施加了一定程度的控制。

4. 全國人大常委會的解釋在內地的政法傳統中相當重要。這些解釋與其他內地法律（根據《中華人民共和國憲法》第67條第4款）一同應用，然而最為重要的是根據《基本法》第158條而作出的解釋。

5. 北京當局在決定香港選舉改革的步伐和方向方面發揮着至關重要的作用。北京當局認為香港特別行政區的主要政府機關——行政長官和立法機構的職位，絕不能落入可能將香港變成反華基地的反對派手中。無論香港多麼希望實現普選，都不能忽視北京當局的擔憂。

發揮香港的優勢

五名書店負責人及職員被內地當局找麻煩的案件也引發了爭議。他們在香港出版和銷售有關內地政治的書籍，內容包括關於內地領導人的八卦。其中三人身處內地時被拘留，一人似乎是從泰國被帶走的。其中一人為香港永久性居民，被身處香港的內地官員綁架，並帶到內地進行審訊和拘留，此事在香港引發了爭議。隨後，他被釋放返回香港。《基本法》並沒有授權內地官員在香港特別行政區直接執法。

內地有關部門將這些書店負責人及職員視作在內地違反內地法律的中國國民。一位中國官員的評論很具啟發性：

> ……出版的書，並不是關於香港的事情……而是關於內地的事情……[他]在香港出版……書，然後拿到內地來賣。這樣的「一國兩制」是他的理解，這樣的「一國兩制」不要也好。

　　另一個案例是一位內地億萬富商從香港的一家酒店被帶回內地，據說是為了協助當局調查2015年內地股市暴跌的原因。

　　這兩個案例有警示意味，很可能是針對某些內地人士。從中所傳遞的訊息是，香港更為自由的環境不應被利用——以香港作為避難所，來進行公然針對北京當局的政治活動。香港的控訴十分恰當，一般性規則明確規定：內地當局不能在香港特別行政區行使其司法管轄權，而這是一條香港必須堅持不可被逾越的底線。內地當局否認參與任何不當的「綁架」。儘管北京當局否認此事可能並不可信，但這表明他們意識到，《基本法》排除任何此類拘留和移交權力的主張。香港可以依據明確的法律基礎堅決抵制這種違法行為，而這些法律基礎都是北京含蓄地承認的。

國家安全「責任」

　　1989年6月，天安門廣場示威活動被鎮壓後，《基本法》第23條作出了修改。它現在規定，香港應自行立法禁止叛國、分裂國家、煽動叛亂或顛覆中華人民共和國的行為，保護國家機密，並防止不正當的對外政治聯繫。

　　根據英國殖民地法律，叛國、煽動叛亂以及竊取官方秘密等罪行均應當被嚴肅處理。這些法律仍在香港特別行政區有效。針對分裂國家和顛覆中華人民共和國行為的條例則源於內地，她一直將國家統一和領土完整視為政治法律上優先考慮的事項。

　　第一次試圖滿足《基本法》第23條的規定是在英國統治的最後一年，務求令香港特區能以單一立法形式訂立這項法例。然而，當時只是提交了一項條例草案，但並沒有立法，因為1997

年以前的立法會議員認為總的來說還是不要立法更好,將這些問題留待後續處理。第二次嘗試是在2003年,由當時的香港特別行政區政府提出。但是,在一次市民的大規模遊行之後,草案不得不被撤回。當時,香港在亞洲金融風暴的影響之下,經濟表現疲弱,同時又遭受雖然短暫但卻可怕的「沙士」(Severe Acute Respiratory Syndrome,簡稱SARS)疫情的重創,雙重打擊之下,公眾的負面情緒高漲。從那時起,歷屆行政長官都強調,雖然此項立法是香港的憲法義務,但在相當時間內,這並不是一個優先考量的事項。目前,香港官方的立場是,只有在確立「有利條件」後,第23條的立法才會出台。

隨着「自決」和「獨立」等激進運動的興起,以及年輕的香港激進分子開始尋求海外政客的支持並與激進「台獨」分子結成聯盟,引入第23條立法的壓力明顯較2003年的時候為大。此時,也恰逢美國領導人宣稱中美兩國正在進行地緣政治競爭之際。綜合起來,這些因素解釋了為何北京當局愈發憂慮香港可能被用作一個反華基地。

抗拒北京當局的權威

在香港實行的「一國兩制」,是世界上最大的單一制國家建立自治區的獨特嘗試。在這種模式下,兩地存在兩種不同的管理制度、經濟制度及法律制度,而且彼此之間需要相互溝通。事實證明,要香港完全接受北京當局的權威並非易事。回顧自1997年以來的二十多年,中國主權的真正過渡是在統一之後才開始的,許多衝突也不得不順其自然。重大的「敏感」(live wire)議題有待解決。政治法律層面上的挑戰是意料之中的,而且已經發生。

然而,有些事情卻是明確的。首先,在香港特別行政區成立二十多年後,有人聲稱:「一國兩制」已經失敗;《基本法》已經

沒有作用；香港特區政府主要是北京的傳聲筒，不是以香港人利益為考量。經實測分析證明，這些都不是事實。此外，這些人贊同一種不完全的基礎性理解，限制了他們對這一問題做任何有意義的探究，即香港特別行政區究竟如何在中國之內為自己塑造最好的未來。儘管存在明顯的不足，但「一國兩制」實驗在過去二十多年中取得了顯著且正面的成效。

第五章
社會平穩的考驗

　　無論是殖民地時代，還是香港特別行政區時代，香港都承受着相當大的政治壓力。事實上，最近出現的幾個壓力時刻，在許多人的心中仍舊記憶猶新。當物理學中的「壓力測試」(stress-testing) 方法——有意地操作機械產品使之接近斷裂點，應用到闡釋香港 (在更廣泛的政治意義上) 問題時，它表現得相當好。最近一次的壓力測試確認了該地值得關注的兩個方面：民眾的極大包容和政府的極大寬容。

早期的檢測

　　誠如上述所言，英國主要依靠「炮艦外交」，從1842年開始逐步佔領香港。從一開始，北京就對歐洲進行殖民擴張抱有敵意，這是可以理解的。然而，頑固守舊、日薄西山的清朝政府除了抱怨之外，幾乎沒有能力做任何事情。

　　1920年代中期，中華民國於1912年成立之後，為抗議英國在上海實施的致命性懲罰行動，國民黨與共產黨聯手在香港發起聯合抵制與罷工運動，使當時的殖民地香港承受巨大的壓力。最終在倫敦的幫助下，香港經得住這次考驗，經濟回復一貫的快速增長狀態。

戰後的示威抗議活動

香港在1956年發生戰後第一次嚴重的政治暴動,當時國民黨和共產黨各自的支持者發生了激烈的衝突,尤其在荃灣地區。這次暴動釀成59人死亡,財產損失嚴重。英國殖民政府甚至派出英國軍隊,以增援香港警察。

緊接着發生的嚴重騷亂於1966年爆發,通常被稱為「天星小輪騷亂」。當時香港人對英國統治不滿的情緒高漲,尤其對1950年代和1960年代變本加厲的貪污現象抱有敵意。穿梭於維多利亞港的天星小輪服務票價上漲的消息引發了這場騷亂,並持續了幾天。最終,導致一名抗議者死亡,大量財產損失,許多人被捕。

眾所周知,1967年的「左派暴動」相對嚴重得多,從1967年5月一直持續到同年的12月。這場重大的政治騷亂是早期階段的文化大革命蔓延到香港所引起的。五十多人因此喪生。數以千枚真假炸彈被製造出來。相較1966年,財產損失更為慘重。

在接下來的幾年裏,港英政府採取多項相應措施。其中最重要的就是在1974年設立了非常成功的廉政公署(Independent Commission Against Corruption),以加強香港嚴守法治精神,推動對於仁慈專制政府的接受程度,以及提升社會的穩定性。

隨着天安門廣場抗議活動在1989年展開,大約有一百萬人在香港遊行,他們先是在5月份支持抗議的學生,然後在6月5日進行示威。儘管在香港街頭抗議的人數眾多,但並沒有引發暴力衝突或財產損害。

九七後的示威抗議

最近的壓力點是始於2014年並持續數月之久的「佔領中環運動」（又稱為「雨傘運動」），以及2016年的旺角騷亂事件。

在此之前，還發生過其他幾宗大規模抗議活動。其中包括2003年7月1日針對擬出台的《基本法》第23條立法和其他管治擔憂的遊行，以及2012年針對某些教育改革的抗議活動。

此外，香港還存在幾個固定、通常是每年一次的重大抗議活動，吸引了為數不少的民眾參與。這包括六四燭光晚會、七一大遊行，以及元旦大遊行等。事實上，香港平均每年都有大約6,000次不同規模的示威遊行。

2014年「佔中運動」

由於缺乏清晰、一致、堅定理性的領導層，這從一開始就證明了佔中運動具有嚴重的缺陷。除此之外，這使得更為激進的要素在正式佔領開始之前，就在這場運動中佔據了主導地位。這種激情意味着支離破碎的佔中運動領導層認為幾乎不必要思考「政治可能性」的問題。

在這場持續了79天的佔中運動中，不論是在場的佔領人士，還是間接的支持者，許多香港人都是因為相信這是必須要做的事情，才會參與其中。

佔中運動的爆發是建立在一個明顯誇大的藉口之上。無論是在領導層上，還是在目的上，這場運動都是明顯不合比例、極具破壞性和缺乏連貫性的。他們以公民抗命（civil disobedience）為由啟動佔中運動的主張是不充分的。香港的絕大多數人最終對整個運動感到厭倦。大家能看到的主要直接成果是許多參與和支持佔中運動之人的政治意識大幅提升。

整個佔中運動也非常引人注目，因為它雖然持續了很長一段時間，牽涉到大量佔領人士、警察和反佔中人士，但卻只有微乎其微的身體損傷和財產損失。在將近三個月的時間內「完成」這項工作是非常了不起的。佔領人士、（中央政府和香港特區政府的）官員、警察和反佔中人士都表現出自我克制能力。這些，再加上良好的判斷（與司法機關對一般法例的高效應用結合起來），都有利於香港應對佔中運動。

佔中運動示威活動所產生的壓力，使得北京當局在2014年提出的政治改革方案於2015年在立法會中被泛民主派否決。如果改革是必須的，那麼即使在示威抗議之下，這個提議將會且理應被通過。方案被否決是一個嚴重的錯誤。香港被阻止在2017年（從提交的名單中）以直接選舉方式選出行政長官，而圍繞此類選舉作進一步改革的辯論也被叫停。因此，香港特別行政區無法逐步建立起一個備受控制但卻更為民主的選舉制度。此外，中國也被剝奪了自1949年以來（在香港特別行政區）進行第一次關鍵性政治改革的機會，這是一次在最高行政級別進行的對照實驗，涉及到彼此存在競爭關係的參選人和普選。

2016年旺角騷亂（「魚蛋革命」）

2016年2月8日晚上，旺角發生了持續10至12小時的大騷亂。開始的時候，一些「本土派」聲稱他們想要保護做魚蛋（香港的一種街頭食品）生意的商販利益。這場騷亂的關鍵人物便是本土派，通常將強烈的反內地和特定的反北京觀點與某種形式的「港獨」加以結合。大量證據表明，他們事先已經為這場騷亂做了細緻的準備工作。根據警方估計，參與這場騷亂的活躍分子大約有400至500人，當中一些示威者攻擊了記者和攝影師。

翌日凌晨兩點左右，當一群高度亢奮的示威者正要逼近一名躺在地上的受傷警員之時，一名警員向空中開了兩槍。早上八點

左右，街道終於被清理乾淨。騷亂中有一百二十多人受傷，其中九十人是警員。這起騷亂引發香港各界的譴責。

旺角騷亂帶有投機意味，而且追求的目標也相當混亂。2016年7月，民主派的一位前政治領袖就旺角騷亂的示威者發表了以下評論：

> 他們的政治敍述是什麼？當他們不分青紅皂白地向警員扔磚頭時，他們實際上要反對誰？他們究竟想達到什麼目的？

深度的寬容意識

顯然，香港已經恢復得很好，而且在因政治抗議引起的眾多嚴峻考驗中，一如既往地秉持着積極、樂觀、勤勉的態度。香港特別行政區可能會面臨持續不斷的政治爭論。這種抗爭可能會愈演愈烈，並且可能會演變成更加暴力的抗議活動。

然而，本書有力地表明，香港總體上擁有一種根深蒂固的能力來應對大規模的抗議活動。在這一點上，可能比世界上任何一個地方都做得更好。每次出現政治動盪之後，一旦政治騷亂平定，香港就會展現出對於保持穩定這一共同價值的反覆出現、強勁有力的理解。

第 二 部 分

第六章
脫離英國殖民地後香港之演變

獨裁政權具備可以與自由民主國家的經濟表現競爭的能力
是一個特別重要和新穎的發展。
雅斯查・蒙克 (Yascha Mounk) 和
羅伯托・史蒂芬・福阿 (Roberto Stefan Foa)

　　香港人的集體政治記憶與中國1949年之後的歷史，以及他們在香港享有的寶貴、自由生活方式有關。香港一直都是一個避難所，生活在這塊由英國人佔據的殖民地上，人們能夠利用內地的艱難困境進行套利活動。1997年之前，香港是一個政治異端，但卻被認為是一個「奇蹟」。1997年之後，香港人必須接受自己是中國國民，而香港是中華人民共和國的一部分。他們的未來與國家的未來息息相關，故他們不能再像以前那樣套取利益了。

集體記憶

　　對於許多香港人來說，要承認中國已經完全恢復對香港行使主權並不容易。上一代人仍清楚記得，1960年代持續數月的內地文化大革命和蔓延至香港的致命衝突，為香港所帶來的衝擊。

　　正因為那個時期，中國共產黨漫無目的地採取暴力手段，以及國家的經濟落後、人民貧困，令其從根本上失去了民眾的支

持。革命不會對於改善國家現狀發揮任何作用。彼時，成千上萬的人，大多來自附近的廣東省，冒着巨大的危險逃往香港，因為香港是由英國統治的。由此引發的結果是，從1965年至1975年，香港的人口由359萬人上升到446萬人，增加了87萬人。

香港不僅對難民而言是一個安全的地方，而且在經濟上也是有吸引力的。從1950年代開始，製造業逐漸成為香港的一大經濟支柱。1960年代的香港經濟增長與其將所生產的勞動密集型消費品出口到西方有密切關係。「香港製造」的商標當時在西方市場上享負盛名。

當革命席捲內地時，香港卻在貿易和商業方面發展繁榮。香港製作的電影、歌曲和娛樂節目，引領着亞洲潮流。在這個繁榮的殖民地裏，每個人都有大量的工作和賺錢的機會。香港令人看見希望且富有創新精神。西方是令香港人看到前景的地方，而不是內地。

東西方的地緣政治

由於東西方之間的鬥爭持續，加上當時冷戰的爆發，兩種互相不容的政治意識形態發生衝突，使香港能夠進行套利活動。蘇聯和美國這兩個最強大的國家都有自己的勢力範圍。與蘇聯一樣，中國實行共產主義，是陰鬱的共產主義陣營的其中一個國家。美國是一個實行資本主義、民主和充滿活力的國家，其價值觀和制度似乎擁有可使一個國家取得成功的政治基因。

此外，共產主義不只是關乎經濟。共產主義國家的制度設計與西方民主國家截然不同。共產主義國家把共產黨作為「無產階級的先鋒隊」，執政黨代表民眾的利益，擁有絕對的政治控制權。列寧（Vladimir Lenin）把這個思想發揚光大。他認為既有的建制對共產主義抱有敵意，為了生存下去，需要一班來自工人階

級、關係緊密的共產主義團體來保衛共產主義。因此，執政黨必須充當工人階級的先鋒。實際上，這是一種「黨國」（party-state）體制：國家控制社會，而執政黨控制國家。

今天的中國，在許多方面，特別是在行政和經濟方面，都成功顯著改進了這種黨國體制。但其政治本質仍然堅持着黨國的基本組織原則。事實上，中國實行的這種治理模式，與其在漫長帝制時代的幾個世紀中逐漸發展成形的治理體系，產生了很好的共鳴。

西方民主國家實行多黨選舉，由大量獲得選舉權的選民選出政府。政府及其官員應在法院所界定的法律範圍之內行事。行政機關、立法機關和法院的權力通常是分開的。「分權」意味着不同的政府機關可以互相制衡。這正是共產主義體制所缺失的一個要素，在共產主義體制中，執政黨擁有絕對的權力。

「共產黨」被認為是威權主義者，而「民主黨」則被認為會尊重個人自由，因為民主國家必須對選民作出回應。此外，資本主義民主國家獲得的經濟成就證明了這一事實：共產主義和共產主義政治制度是「壞」的，而資本主義和自由民主制度則是「好」的。

作為英國的殖民地，香港是「西方」資本主義、自由主義的一分子。儘管政府並非由民眾選舉出來，但香港的制度被認為具有諸多優勝之處——簡單制度、低稅收、自由市場、個人自由和法治。引用著名經濟學家佛利民（Milton Friedman）的話來說：

> ……香港真正的奇蹟在於她擁有自由市場……第二次世界大戰結束之後，英國的其他殖民地發生了什麼事？她們獲得了獨立。哪一個國家做得好？請說一個出來。如果香港當時也獲得獨立，就可能會走上與所有其他殖民地相同的道路：她會嘗試實行社會福利制度，並會與印度或肯亞一樣陷入停滯狀態。

歷史的終結？

在列根（Ronald Reagan）──戴卓爾夫人時代（1979-
1990），他們分別領導美國和英國，反對共產主義，支持民主，聲
援資本主義，放鬆國家管制，鼓吹私有化，並削弱工會的力量。當
1989年東歐的共產主義國家開始擺脫蘇聯的影響，以及1991年
蘇聯徹底解體之時，「歷史的終結」無疑已經到來──西方自由
民主體制被福山（Francis Fukuyama）認可為人類統治的最終演
變形態：

> 我們看到的可能不僅僅是冷戰的結束，或是戰後歷史一段
> 特定時期的過渡，而是「歷史的終結」：亦即是，人類意識
> 形態演變的終點，以及西方自由民主體制作為人類政府最
> 終形式的普遍化。

中國的「改革開放」

1978年，中國採取了新的政策。中國領導人鄧小平對於「亞
洲四小龍」（香港、新加坡、台灣和韓國），以及其取得的成就予
以高度評價。他試圖向他們學習，以幫助中國實現現代化。香港
人至今還記得北京當局早期採取的改革措施。對他們來說，最重
要的是自1980年開始在深圳等地設立經濟特區。投資者希望跨
境在經濟特區建造新的製造工廠，也受到中央政府熱烈支持。

這些新政策使香港商人能夠利用廉價的土地和勞動力，迅
速而顯著地增強中國的生產能力。香港人能夠應對與中國之間
的商業往來所引發的諸多挑戰，在中國的私營企業早在幾十年
前就已經被廢除了。由此，中國得以創造大量財富。與此同時，由
於高增值服務業迅速增長，香港的經濟開始轉型，促進了內地
製造業和物流業的擴張。

香港人認為是他們引導及幫助內地開始踏上世界舞台。香港人受過良好教育、見多識廣，將內地人視作「鄉下佬」。

1989年天安門事件

當時，中國的改革與發展道路還很不平坦。在改革的速度和方向上，中國的最高領導層之間存在不少爭論。改革使部分人受益，而其他人卻遠遠落後。1980年末，社會開始出現不滿的情緒，並最終在1989年爆發。由學生主導在天安門廣場發起的抗議活動持續數周之後（抗議活動激起中國社會各個階層人士的支持），當局突然以殘酷的手段鎮壓抗議活動。香港人十分同情那些抗議人士。中國人民解放軍於6月4日被派去鎮壓抗議人士後，中國受到世界各國的譴責與孤立。

大約五年前，於1984年簽訂《中英聯合聲明》之時，香港人已經開始擔憂他們的未來。許多家庭領取外國護照作為保障，許多人移民國外，主要是說英語的西方國家。當時英國正承受着巨大的壓力，期望為香港人多做一些事情。1990年，英國政府的一項新安排，允許多達五萬名通過甄選的港人及其家人獲得英國護照。

在香港實行以選舉方式選出其政治領袖一事變得重要及迫切。選舉被認為是香港人能在1997年之後與北京當局抗爭的最佳解決辦法——這一假設是當選領導人會具備合法性，以捍衛香港的利益，對抗北京當局可能會做的事情。

1991年頒布的《基本法》規定行政長官和立法會選舉可以在2007年後——即香港回歸中國十年後，實現由普選產生的辦法。同時，北京當局一直擔心香港可能會成為反華活動的基地（1989年5月，香港市民支援愛國民主運動聯合會成立，其目標之一就

是要結束中國的「一黨專政」)。中央政府亦收緊了《基本法》第23條的條文,以保障「國家安全」。在本書的第一部分曾提及,《基本法》第23條規定香港特別行政區自行制定維護國家安全的法律。然而,這項工作尚未完成。

隨着1991年蘇聯解體,西方存在一種假設,即「歷史的終結」的敍述也可能適用於中國;在天安門事件之後,中國繼續實行市場改革,最終可能會引發中國民眾對民主改革的渴求。

對香港人和西方國家來說,實現普選成為了1997年之後香港政治健康的先導指標。

中國的穩步崛起

天安門事件後,中國共產黨並沒有倒台。中國被國際社會孤立是短暫的。事實證明,中國正朝着不可逆轉的民主方向發展,而政治改革會伴隨經濟改革出現的想法只是一廂情願。誠如黎安友(Andrew Nathan)所解釋:

> 相反,政府控制住通貨膨脹、重新促進經濟增長、擴大對外貿易,並增加對外直接投資的吸收。中國亦恢復與實施制裁的七大工業國組織(G7)之間的正常關係,重啟與美國領導人的互訪,主導對香港恢復行使主權的典禮,並贏得2008年北京奧運會的主辦權。

中國進行了一系列政治改革,以促進「政治精英制度」(political meritocracy),其中包括官僚體制的改革,使其包含民主特質,如問責制、競爭和部分的權力限制等。通過提升執政能力,中國的改革強化了黨國體制,但以普選作為選舉辦法終究是不可能實現的。中國很可能創造了一個「獨特的混合政體:具有民主特質的獨裁國家」:

在實踐中，中國公共行政部門對規則和激勵措施的調整已悄然將僵化的共產主義官僚體制轉變為具有高度適應性的資本主義體制。

中國共產黨認為，政治穩定對於中國來說至關重要，必須把重點放在實現國家脫貧、持續穩步發展的工作上。多黨制選舉，像自由民主國家那樣，不能保證重要政策的延續性。中國領導人認為績效和成功的政策成果是有效政府的測量指標，而1978年以來中國的轉型過程無疑是成功的。中國秉持的「中國特色社會主義制度」再不會被人嘲笑了。

已被顛覆的信念體系

在民主國家，每一位選民都是平等和自主的。相較其他政體，民主政體的主要優勢在於它提供了一種公平與和平的方式來替換領導人。民主制度在道德上比獨裁主義優勝的論述在知識層面上仍然具有說服力，但作為政治領導人的選舉制度，一人一票和普選制均掩蓋了社會上一系列真正的不平等和分歧。每個人都有投票權，但這並不能確保選民可以選出能夠為社會最大利益着想，而進行管理或採取行動的領導人。

美國和歐洲並沒有處理好許多棘手的內部問題（如種族和移民、醫療保健和大範圍的貧富懸殊），以及外部威脅（如恐怖主義和地區衝突）。在歐洲，「脫歐」引起了對內部凝聚力的挑戰，其實在總體上揭示了目前歐盟所面臨的嚴重問題。

以普選方式進行的選舉並沒有被證明能夠有效「制衡」政治家及其政策，或是可以消除社會的分歧。這不僅擴大了差異以激起民眾支持，而且還散佈了謊言，據說在英國的脫歐公投以及2016年的美國總統選舉中，公眾情緒和輿論被複雜的資料採擷方法所操縱。邊緣的政客當選，使他們能夠要求新領導人實施

背離自由主義傳統的政策。目前，西方民主國家內部存在的一個主要爭論是，她們是否正在經歷嚴重的自由民主倒退。

更糟糕的是，專家作出了這樣的預期：

> ……世界現正經歷一個引人注目的里程碑：在未來五年內，被視為「不自由」國家（如中國、俄羅斯和沙特阿拉伯）的全球收入份額將超過西方自由民主國家所佔的份額。

無可否認，對於擁有眾多人口的中國而言，中國經濟的穩步增長已經令她成為一個更加宜居的地方。當然，中國仍舊存在許多問題需要處理，中國領導人也明確承認這一點。事實上，他們認為這正是他們需要以政治穩定來解決問題的原因，也是他們不打算進行多黨制選舉的緣由。對於中國共產黨來說，它必須始終確保自己是人民的唯一先鋒隊，以應對因內部叛亂和外部挑戰而帶來的深層雙重恐懼。

由於選舉週期短，西方民主國家無法明確制定長期計劃。中國則制定至2025年、2035年和2050年所要完成的計劃和意欲達致的目標，這也讓西方，尤其是美國擔憂中國體制會成為一個威脅。雖然中國的發展階段在許多方面仍舊遠遠落後於西方國家，但她正在逐年穩步發展。

今天，香港的政治存在主要由中國的成功、西方民主存在的問題，以及中國崛起面臨的關鍵挑戰所構成。這是當下的香港追求實現普選制所面臨的一個難以逾越的境況。

香港需要調整其對舊時港英時期套利模式的看法。儘管香港仍是內地的一個享有很多特權的中介，但不能利用香港來挑戰北京當局對於國家統一和領土完整（即國內反叛和外部挑戰）所抱持的強烈政治敏感性。儘管她可以繼續推行選舉改革，但當下美國存在根深蒂固的「基要主義」（fundamentalism）自由表述，卻並不符合這一框架。當自由選舉實行之時，對言論

自由和結社自由這些絕對權利（可能威脅到國家統一）的控制仍將適用。

　　在新的相互競爭的地緣政治時代，作為中華人民共和國的一部分，香港對中國的忠誠度應是無庸置疑的。香港實現普選不一定是衡量其整體健康的關鍵指標——事實上，這將過於狹隘，因為存在多種途徑來確保進步。隨着中國的崛起，香港新的角色應該建基於《基本法》內置的諸多靈活性之上。除了澳門，中國沒有其他城市能夠享有這些靈活性。

第七章
轉變的地緣政治與香港

中國政府正在實施一項全面、長期的產業戰略，以確保其在全球的主導地位……北京當局的最終目標是讓國內公司取代外國公司，成為國內外主要技術和產品的設計師和製造商。

美中經濟與安全審查委員會2017年年度報告

中國人並不希望發生衝突……但若到了那一天，他們希望每個國家……在政策議題上決定其利益時能夠將中國而不是美國置於首要地位，因為中國人愈發將與美國及其他我們支持之國家的衝突定義為一種體制衝突。

美國中央情報局東亞任務中心副助理主任
柯林斯（Michael Collins）（2018年7月）

地緣政治的兩個主要層面正在改變着國際關係。美國和西歐之間的跨大西洋聯盟作為對抗俄羅斯的堡壘的邏輯已經發生改變；中國的迅速崛起帶來了新的挑戰和機遇，將在未來幾十年裏重塑在國際事務的地位。此外，一種新的競爭形式已經在網絡上展開，借外國勢力干涉選舉，當中的全部細節正逐漸被披露，並由此賦予主權、安全和自由嶄新的含義。香港必須對這些變化保持敏感，並重新思考自己與內地之間的關係，以確保其無庸置疑的「立場」——她必須對中國保持忠誠。

「貿易戰」

經過數月具威脅性言辭和防止衝突升級的談判，2018年5月美國發起了一場影響廣泛的「貿易戰」：對從鄰國和盟國（包括

加拿大、墨西哥和歐盟）進口的鋼鐵和鋁徵收關稅。同年6月，美國還宣布對從中國進口的大量產品徵收全面關稅，並於7月6日起生效。在每一種情形下，對方都對美國進口的商品實施了關稅報復，儘管在7月底進行以防止雙方關係進一步惡化為宗旨的高級別會議之後，美國和歐盟之間的貿易緊張局勢（至少目前）開始緩和。

此外，在10月簽署新的美國、墨西哥、加拿大貿易協定之時，美國推動通過一項條款，規定該協議的三個締約方中的任何一方都有權在初始階段就他方與「非市場經濟國家」（明確針對中國）進行的自由貿易協定談判獲取通知。由此，每一方都可以審查由另一成員國簽署的任何此類交易。

正如我們所寫的那樣，美國威脅稱，要從2019年1月起對幾乎所有中國進口產品徵收更高的關稅。如果美國全面實施徵收這些額外關稅，在考慮到早期關稅的情況下，將導致美國消費稅總額實際上增加20%左右。

美國的行動不僅僅是為了減少與貿易夥伴之間的貿易逆差。數額巨大的關稅也意味着要在「美國貿易政策新時代」中改變與貿易夥伴的關係。美國官員明確表示，這裏存在着「國家安全」的考慮，因為鋼材和鋁的進口水平被認為會削弱美國的國內經濟，故此對國家安全存在威脅。美國的敍述強調她在二戰後幫助建立的多邊體系不再有利於美國，這就是為什麼她決定與世界各國重新談判各種類型的美國協議。

就中國而言，美國批評中國「擁有一個日趨強大的政府，實行中央集權經濟模式……並且為獲得美國的技術和知識產權而採用了不合理和差別對待的措施」。這在第一輪關稅中被明確表達出來。在選擇產品時，美國官員將中國的「中國製造2025」計劃內的商品納入徵稅項目之中。該計劃提高了資訊科技產品、航空、機器人技術和電動汽車等戰略部門在國內的能力。美國認為，「這些東西……會令中國在世界取得領導地位，而這將不

利於美國」。美國對中國未來渴望成為這些行業的領導者表示關切。

　　如果問題僅僅涉及貿易，那麼雙方就可以很容易解決目前對中國單方面有利的貿易失衡問題。美國擁有大量的頁岩油和天然氣，現在可以使用水力壓裂技術開採。這意味着在可預見的未來，美國不再需要依靠中東來開採原油。事實上，在未來幾年內，當更多輸油管道和港口基礎設施完工後，美國還將擁有巨大的出口能力。即使在許多經濟體的能源結構中，可再生能源變得更加重要，但美國也可以成為中國和世界其他國家更重要的石油和天然氣供應商。中國需要以原油、管道天然氣及可運輸的液化天然氣（Liquified natural gas）等形式的高容量、多樣化的能源供應來維持其發展。隨着未來幾年液化天然氣的進口量增加，中國對美國的貿易順差將大幅減少。美國已經是中國第五大液化天然氣供應商。隨着中國減少在能源結構中煤炭的使用，以改善空氣品質和緩解氣候變化，她對這種更為清潔的碳氫化合物的需求將會繼續增加。在中國建設更多的進口設施的同時，美國也正在建設更多的出口基礎設施。除了能源產品，中國還必須繼續進口穀物和食品，而北美則是一個重要的來源地。因此，中美深化合作存在着互補的機遇。

　　然而，中國愈來愈被美國視為在二戰後的歷史上面臨的最強勁「敵人」。美國安全和政策制定機關正在公開地努力遏制和阻止中國「取代美國成為世界領先的超級大國」。中國問題被稱之為一種「體制衝突」。中國一位資深外交官傅瑩解釋了這意味着什麼：

> 造成這些緊張的原因是多元和多樣化的。在工業和技術領域圍繞新增長動能的競爭是原因之一；動搖了自由民主國家的重大政治力量的變化也帶來不安。此外，美國等西方發達國家基於對不同政治制度的懷疑心態，對中國在共產黨領導下取得成功疑懼日深。

不出所料，中國對此持截然不同的看法。中國認為美國不應擔心：美國的國內生產總值從1990年的5.98萬億美元增長到2017年的19.39萬億美元，人均GDP增長了35,577美元。與此同時，中國同期的人均GDP則增長至8,509美元。中國官員認為，可以公平地說，美國和中國在一同成長，但美國仍然遙遙領先。

在貿易之外，還有解讀「體制衝突」的另一個線索。這與中國的憲制和政治體系有關。西方的自由民主和中國的社會主義被視為是相互競爭的兩種體制。西方的觀點認為，中國的體制不能取得成功，也不能長期保持增長和發展；而中國的領導人則認為，他們過去四十年的成功證明了另一種不是建基於西方資本主義自由價值觀之上的體制的可能性。

還有最終一個方面的因素需要考量。中國和美國均處於複雜卻相互依存的關係之中。自2008年以來，中國一直是美國國債的最大持有人（持有量超過1.2萬億美元）。換句話說，中國是美國最大的外國債權人。美國人儲蓄率低，但消費力強；而中國人儲蓄率高。由於花費遠多於儲蓄，在經常帳戶赤字和貿易逆差的情況下，美國還需要通過向海外借款來吸引外資。

相較體制衝突的整體情況，貿易戰的具體細節並不重要。在中國崛起的地方，地緣政治發生了翻天覆地的變化，而長期以來仍佔據領導地位的美國則在謀求保持其卓越地位。

演變中的權力關係

中國非常了解自己面臨的情勢和需要。

至2012年，中國在國際政治上一直保持低調的態度，把重點放在發展經濟上。她承認美國是主要強國。在胡錦濤的領導期間（2003–2013），中國以「和諧世界」的概念促進和平共存，以適

應世界各地不同的意識形態和政治制度。在2013年開始的習近平時代,中國提出在不對抗、相互尊重、合作共贏的基礎上建立「新型大國關係」的構想。換言之,中國將不會挑戰美國的地位,她會在現有的國際事務架構中採取一種合作模式,但也希望能夠採用自己的意識形態和政治制度,並以自己的方式獲得增長和發展的空間。儘管美國方面不願接納中國的新型大國言論,但作為世界上最大的兩個碳排放國,兩國仍然能夠找到共同的理由,在氣候變化問題上發揮共同影響並展開合作,從而促成2015年在聯合國主持下通過了《巴黎協定》。

2018年中美之間的貿易戰是一個信號,表明從長遠來看美國的首要地位會受到威脅,而美國正採取明確的進取行動來改變這一形勢。同時,中國採用「一帶一路」倡議取代了大國的言論,以促進貿易和推進共同繁榮,平衡貿易保護主義人士的情緒,以及將其他國家拉向「共同利益共同體」。為了制衡中國,美國於2018年7月宣布其對印度及太平洋地區的新經濟願景,而澳洲和日本成為其最早的合作夥伴。

隨着中美兩國重新定位並走向新的平衡,敍事將被創造和調整。在貿易關係中,供應商和消費者、債權人和債務人是互補的;但在彼此競爭的勢力範圍內,尤其是在亞洲,也存在極大的差異。此外,中國和美國在不同的意識形態下運作會產生摩擦,令世界不時陷入緊張狀態。新加坡總理李顯龍在2018年11月15日這樣說道:「中美關係是世界最重要的雙邊關係之一,具有深遠的影響。」他明確表示,東盟國家不希望被雙方擺佈,致使其必須支持其中一方:「東盟國家希望能夠與美國和中國接觸,最大程度地擴大我們合作的範圍和優勢。因此,我們希望中美關係保持穩定,希望一切順利。」

網絡競爭

　　雖然美國指責中國侵犯知識產權，並支援對美國公司進行網絡攻擊以獲取商業機密，但美國官方調查俄羅斯干涉2016年美國總統選舉的細節卻令人歎為觀止。起訴書描述了某些俄羅斯國民如何利用網絡空間來操縱選民的資訊和情緒，從而操控另一個國家的選舉結果。雖然各國政府企圖影響其他國家的選舉結果已早有先例，但起訴書宣稱俄羅斯干預美國選舉一事顯示出，網絡空間為傳遞針對性資訊予廣泛的選民提供了一個更直接的門徑。較早前的一份報告也詳細描述了對英國脫歐公投的類似干預。這類活動為從「內部」破壞對手的國內穩定提供了新的途徑。

外交狂潮

　　在需要尋求新的聯盟和戰略之時，中國正在優先發展其外交力量。過去一年，中國展開旋風式的外交努力，以應對世界許多地區的地緣政治變化（尤其是中國周邊地區），並正在尋找一個重視合作、參與和雙贏的「新劇本」。

香港與台灣

　　相較整體的方向，中美之間你來我往式的權力博弈並不那麼重要。中國的經濟崛起是其在貿易、技術、金融、外交和軍事事務方面影響力不斷增長的基礎。兩千多年以來，中國最關心的國家安全問題一直是邊境地區的不穩定局勢，而這可能會挑戰中國的領土完整。這種擔憂至今仍然尤為重要。此外，中國不斷保持警惕，以防止這些問題轉移人們對於發展的關注，從而減慢其民族復興的進程。

其中值得關注的安全問題是香港和台灣，以後者更為嚴重。少數香港激進分子鼓吹「自決」和「獨立」，仍在可控範圍之內。2018年年中，特區政府根據《社團條例》對「香港民族黨」（鼓吹香港獨立）採取的行動便證實了這一點。北京當局首要關心的是，要確保外國列強不能利用香港作為基地來煽動這種情緒，尤其是以任何方式影響或支持分離主義黨派或團體。

台灣則完全是另外一回事。2018年7月中旬，中國在東海進行了為期六天的實彈軍事演習，以示嚴厲警告，中國海軍有能力可以封鎖台灣。對香港來說，在北京當局眼中，最嚴重的違法行為是香港激進分子在這個地緣政治變化敏感之時與主張台獨的政客和壓力團體合作，而國家領導人最關心的是美國是否會考驗北京當局對於台灣的決心。中國的實彈演習意在傳遞一個明確的資訊。

結語

此時正值中美關係自後毛澤東時代開始以來最為緊張的歷史時刻，香港必須要保持敏銳和警覺。香港特別行政區將繼續經歷來自外界強烈且偽善的施壓，敦促香港堅決反對北京當局在所謂的「一國兩制」框架下對其自治的不尊重。這些聲稱「一國兩制」的運作模式從根本上存在障礙的觀點，理據並不充分（參見本書第一部分）。

以香港寶貴的言論自由作為利劍或盾牌來支持「獨立」或「自決」的言論是錯誤的。北京當局亦不會允許這樣做。香港將自己捲入中美之間日益激烈的競爭之中，成為美國的一個潛在盟友，同樣是不明智的做法。

第 三 部 分

第八章
擺脫「困局」

以前殖民地時代香港的敍事很好，但已經過時了。今天，一些早期的預設需要被仔細審視和重新探討。懷舊不能幫助香港應對當前瞬息萬變的世界局勢。香港如欲謀求一個更加美好的未來，則需要重新喚起她的集體意識。香港人深知這一點。他們必須有勇氣承認其與中華人民共和國關係之間的一個新現實，並願意為自己發聲，編寫一個合理的新戰略和新敍事。

簡單明瞭地説，香港必須首先接受中華人民共和國現在的狀況，並為國家的進步而努力。「接受」並不意味着要完全認同這個國家的各個方面，但她需要承認內地的現狀，並接受這個基礎，而不是直接否定它。為了推進香港成為一個進步、管理妥善的社會和一個宜居城市，香港不需要挑戰北京當局的權威。這應該是譜寫嶄新篇章的起點。

香港對自己和國家均有不俗的貢獻，因為她能在公共和私人領域的具體工作中展現出最強的能力。香港面臨的危險是，從前的套利模式已經消失。如果香港不重新創造自己的優勢，最大程度地利用其作為特別行政區所享有的特殊地位及權利，內地和亞洲其他更為努力拼搏的鄰近城市將會趕超香港。所以，現在不是自滿的時候，更不是認為自己高人一等的時候。

香港應該對其擁有的眾多憲制、經濟、社會和政治資產進行評估，確定它們如何能夠有助建構一個嶄新敍事，以新穎清晰的方式與宗旨引領香港。許多持份者都需要發揮相應的作用。

成為中國的一分子

問題的根本是香港仍沒有完全說服自己現在已身處中華人民共和國境內。有很多原因可以解釋這個現象，但我們無意在這裏詳細討論。然而，我們可以說，這些原因大概與家族歷史、個人經歷和價值觀，以至恐懼和憂慮香港可能會喪失自由有關。

集體和解是必須的。然而，為了確保這一點，就必須首先在個人基礎上進行和解。這是一個關鍵問題，需要香港人花時間認真反思。這對年輕一代尤為重要，因為他們當中有少部分人不願意承認香港是中國的一部分，以及其中國國民的身分。我們也應該清楚，香港並不存在一個整體劃一、無所不包的「新世代」為和解萎靡所困擾，儘管明裏暗裏仍有持相反的意見。與老一輩人一樣，他們之間也存在着一系列不同的觀點：從對成為中國一部分的感到輕鬆自在，到不接受中國內地。

香港人享受着高度的自由，這是內地人沒有的特權。對於內地的人權問題，香港人最難以釋懷，這是可以理解的。對所有人來說，獲取更大的自由是一個正當的願望，但香港需要仔細考慮如何逐漸追求這一目標。

香港應該有策略地思考自己身為中國一部分的定位。她也應該積極看待自己與世界其他地區存在的非凡且廣泛的聯繫，儘管香港不應嘗試利用這些將自己變得「國際化」，以對抗內地（尤其是考慮到現時地緣政治變化正在加劇的情況下）。香港首要的目標是讓自己變得更好，以幫助國家進步，同時為推動亞洲其他地區的發展效勞。

人們重視創新和卓越成就。他們尤其會被那些在較長時間內能夠以集體協作形式產生積極的社會和經濟成果的地方所吸引。這就是香港應該關注的地方。她應該努力令自己盡可能成為廣泛領域中的「同類之最」。香港可運用既有的天賦——公共與私人財富，來將事情辦好。

　　香港應該清楚意識到為什麼自己對內地而言仍然是不可取替的：自由的營商環境和生機勃勃的法治制度；《基本法》授予自行處理「對外事務」的能力（沒有內地城市享有這一特權）；雄厚的財力資源和豐富的專業人才；不少世界排名較高的大學；不斷擴展的龐大全球聯繫網絡；以及「一國兩制」方針的成功對於北京當局而言所具有的政治重要性。香港很幸運能夠成為國家重大政策成功的典範，但這不是理所當然的，因為很多內地城市正在不斷進步。

尊重國家

　　在殖民地時期，英國沒有公開把代表着英國統治的東西強加在香港人身上。因此，在學校裏就讀的孩子通常不需要學習演唱英國國歌《天佑吾皇》。對英國主權的宣稱是顯而易見的，但卻相當微妙。在某種程度上，這是因為英國人明白，他們對香港的統治愈來愈具有「借來的時間」的一面。

　　《義勇軍進行曲》是中國的國歌，在正式場合演奏，在學校被教授。這首歌擁有一段有趣且引人入勝的歷史，以抵抗壓迫為主旋律。香港部分民眾蔑視國歌的行為，觸發2017年《中華人民共和國國歌法》通過立法。香港特區政府目前正在起草一項本地法例，令這部國家法適用於香港。（編者按：《國歌條例》於2020年6月12日正式刊憲生效。）

　　在香港舉辦一些跨國和國際足球比賽開始前奏響國歌之時發生了令人感到不快的事件。儘管只有少數香港球迷作出極度不敬的行為，這確實令國家和香港感到非常尷尬。球迷們利用香港的自由獲取一時的刺激，卻引發了嚴重的後果。

　　中央政府在內地的憲制不會容忍香港繼續利用其自由來侮辱國家。透過敵對的政治姿態挑戰內地，展示香港的自由和價值是不必要，也是不明智的。以「言論自由」為藉口，考驗北京的容忍限度，對香港特區來說是一個拙劣的策略。

停下來思考一下

舊時的殖民地香港敘事具有一個不言而喻的觀念：香港原本在英國時代就應該成為一個實行普選制度且完全自由的民主社會。然而，至1984年，大家清楚知道這是不可能發生的。在當年的《中英聯合聲明》中，香港問題的解決意味着她必須回歸中國，而當地的制度在過去和現在都是不自由和非民主的。許多人一直秉持着這樣的想法，即只有實現直接選舉，香港才能抵禦內地的體制。假如行政長官和所有立法會議員無法在香港特別行政區由直接選舉產生，他們就會認為這個敘事無法完成。因此，對許多人來說，邁向實現像自由民主國家那樣的選舉制度，成為衡量九七過渡後香港成敗與否的關鍵指標。

香港是否願意不把實現普選作為衡量其自身價值的關鍵指標？這並不意味着香港不應該進行選舉改革。香港可以改善選舉制度，例如逐漸改革功能界別選舉，但香港有理由停下來思考如何才能更好地追求更大的民主。

從香港在1997年前後的政治經驗可以直接得出以下一些觀察：

1. 英國人總是小心翼翼，避免香港被用作一個影響內地政治的基地。這樣既會激怒中國，也不符合英國的自身利益。

2. 在殖民地時期的香港，民主對於經濟的進步、法治的發展或公民享有的一些自由並不是必要的。要蓬勃發展這些方面則需要健全的政策和有效的管治架構。英國以一種適用香港的威權主義體制，統治了香港長達一百五十多年。

3. 北京當局已經表現出妥協的意願（例如2012年立法會選舉的改革），但當局希望確保香港不會利用自己的自由建立一個「反北京、反華」的激進主義基地。這在地緣政治發生改變之時尤為重要。

4. 不應重複「全有或全無」（all or nothing）的做法。香港在2014至2015年拒絕北京當局的提議——允許提名委員會或選舉團提出的候選人參加2017年的行政長官直接選舉，犯了一個非常嚴重的錯誤。

5. 如果政治氣氛有利於建設性的對話和妥協，香港官員願意重新開啟政治改革的討論。

6. 選舉改革中向前邁進的重要部分，很可能包括對於《基本法》第23條的處理。該條規定香港特別行政區本身必須制定一套經過修訂的國家安全法，以取代（仍繼續適用的）英國在香港採用的國家安全法。

在追求更民主的過程中，香港需要從當前的選舉制度着手。一個前進的方向是尋求改善功能性選舉的空間，包括如何選擇現任選舉委員會成員來選出行政長官，以及如何經功能界別選舉選出立法會議員。首要任務是探究香港如何能夠重啟有關2014至2015年被拒絕的行政長官直選模式富有成效的討論。至於第23條，香港可從重新審視1996年和2003年嘗試為第23條立法失敗的細節着手。今天，有必要將重點放在確保香港所珍視的自由與北京當局對國家統一和領土完整的關切之間取得合理平衡。美國花了大約50年的時間來解決目前國家安全法和《權利法案》所保障的言論自由之間的平衡問題。香港不想花這麼長的時間，但美國的經驗卻提供了一個明證：要解決複雜的問題是需要花時間的。

對外事務

香港在「一國兩制」下享有一項非常特殊的安排，允許香港特別行政區處理「對外事務」。《基本法》規定了這些特權：

1. 香港特別行政區的代表，可作為中國代表團的成員，參加會影響到香港的外交談判。在中國和相關組織

允許之下，香港特區也可以「中國香港」的名義參加國際組織事務和體育賽事。

2. 香港特別行政區可在經濟、貿易、金融、航運、通訊、旅遊、文化、體育等領域以「中國香港」的名義，單獨地同世界各國、各地區及有關國際組織保持和發展關係，簽訂和履行有關協議。

3. 香港特別行政區可自由參與國家以外的各個國際和地區組織及交流聚會。

4. 香港特別行政區自行簽發自己的護照。現時已有一百六十多個國家和地區容許香港特別行政區護照持有人免簽證入境，遠遠超過了中華人民共和國護照持有人享有的待遇（大約只有70個國家和地區給予內地護照免簽證安排）。

5. 香港特別行政區可在外國設立官方或半官方的經濟和貿易機構。她擁有由經貿辦事處、外來投資部門、貿易發展和旅遊促進機構等共同組成的龐大網絡。

香港特區政府的問題是，港府有否充分利用《基本法》所賦予的眾多特權，以維持和擴大香港特區在世界各地的影響力。特區政府在考慮此問題的時候，可以先想像自己從未在對外事務中擁有這些特權，然後再去重新思考，在當今香港所需處理之事務上，如果自己有這些特權，將會怎樣做。

海外辦事處是香港特別行政區有形資產總值的一部分，而在海外工作的官員是香港特別行政區的人力資產。毫無疑問，每個辦事處都在努力對外推廣香港。他們缺乏的是一個符合當前現實、關於香港在中國的新敘事，使貿易、商業和其他特定領域可以跟從合適的框架。

內地事務

　　香港特區早年非常關注內地與香港制度應該保持「分開」，亦應被視作分開一事，以避免內地干預香港特區的日常事務。當香港特別行政區政府需要與內地政府機構聯繫之時，中央人民政府駐香港特別行政區聯絡辦公室會提供協助。

　　聯繫與「干涉」只是一線之間，但香港特別行政區官員與內地官員在「一國」如何運作和「兩制」如何實施等各方面都需要有更為深入的理解。雙方仍在相互學習。此舉應是值得鼓勵，並繼續擴展開來的。如果香港官員清楚知道該如何處理此類關係，就不用擔心內地的「干涉」。與內地當局的對話與合作基本上會涉及與專家的交流。雙方應該採取明確的專業態度，而且明顯需要加強溝通。擔當檢察角色的香港立法會議員和媒體不需要這樣假設：特區官員和內地官員之間漸增的交流會引發「干涉」行為。

　　香港特別行政區在內地的政治資產包括16個辦事處；以及全國、省、市三級的港區人大代表和港區全國政協委員。這並不是說，香港在這些機構中的代表主要被視作親北京的「應聲蟲」。他們是內地政治體系的組成部分，有助擴大香港在內地的影響力。要是新的香港敍事充分接受中國主權，則有助他們發揮更積極的作用。

　　內地官員到內地以外的地方旅行受到限制，這同樣適用於前往香港的旅行。這妨礙了彼此間更好的理解。雖然在香港特別行政區看來，雙方當局對放寬旅遊限制措施都小心謹慎，但有充分理據說明此舉實有必要。舉例一個明智的做法，就是可以首先放寬應大學邀請赴港的內地官員，使他們能更容易到香港就中港相關研究與項目進行學術交流。

指責香港特區政府

建基於港英時代晚期的期望和抱負，傳統香港敍事的一個關鍵部分就是，如果香港並非「完全民主」，特區政府與北京打交道之時，將難以捍衛香港原有的生活方式。過去和現在都認為這是因為政府首長 —— 行政長官，本質上都是北京當局信任之人，並由一個大多數成員都是「親北京」的小型選舉委員會選出。由於直接挑戰中央政府並非易事，其中一種表達不滿的方式就是攻擊香港特別行政區政府，指責其並非由選舉產生，是不民主的，以及只是北京當局的傀儡。

挑戰香港特區政府 —— 事實上，挑戰任何一個政府都很容易。香港有很多日常問題可以被詆毀。社會有一些存在已久但被忽視的議題；也有一些管理不善的情形可以被抨擊。

此外，有關「一國兩制」的一些敏感議題亦很容易受到譴責，例如學校如何教授近代中國歷史。在殖民地時代的香港，英國人在學校幾乎不教授中國近代歷史，避免引發爭議。

另一個不會引起爭議的部分就是學校的普通話教學。香港推行的長期政策是兩文（中文和英文）三語（粵語、普通話和英語）。這是可行的。香港人要適應在香港的本地生活，就必須用（主流方言）粵語；而在說中文以外的香港其他地區，甚至世界其他地方，則要以英語溝通。此外，無可避免的是，擁有以普通話與內地進行良好交流的能力對香港也至關重要。

事實上，香港人不僅要講好普通話，年輕人也應該認識並深入了解亞洲，包括學習其他亞洲國家的語言。

應對挫折

隨着經濟不安全感增多且愈來愈廣泛，世界各地的許多社會，包括香港，都充斥着不少憤怒和焦慮的情緒。對此，有部分原因仍然源自絕對貧困和艱苦生活，但這種內心深處的不安明顯是主要來自收入和財富的不平等（即相對的「富人」和「窮人」）。因此，年輕一代覺得其接受的教育並不足以確保他們能夠買得起昂貴的住屋和物品，然而事實上是工資水平持續低靡，以至他們無法實現趕超。資訊革命使他們能夠以極低成本獲得娛樂，同時也可接觸到大量資訊、聯繫志同道合的人士，以及能夠自行組織起來表達抱負和不滿。反政府和反建制的呼聲愈來愈高，因為人們認為精英掌控着權力，不放棄自身利益和特權，而政府則被視為不願解決長期存在、有時是令人窒息的差距。

對香港來説，要實現為所有年輕一代提供一個更公平社會的願景，需要廣泛的集體努力。這必須為政策對話創造中立的政治空間。香港的反對派必須找到與香港特區政府合作的方法，以便採用日常的解決方案來應對棘手的政策問題。如果無法找到解決方案並加以實施，香港將難以充分發揮自己的能力，而且將可能被擠出競爭舞台。立法會的「拉布」和滑稽行為已經變得令人厭煩。如果那些人能夠跨越政治分歧，找到解決實際問題的共通點，香港人的心情將得以顯著改善。

「謙卑」的策略

香港人過去不僅對內地人，而且還對其他亞洲國家的人都抱有優越感，因為他們更富裕，在經濟上似乎也更先進。變革的步伐是這樣的，香港人應該意識到他們有很多東西可以向內地和亞洲的其他國家學習。香港亦可以借鑒其他人在生活上各個方面的寶貴經驗。此時，謙卑的策略將會奏效。

香港當然還有很多佔優的領域，但卻需要改進。現在是香港人，尤其是年輕一代，真正需要具有遠大視野的時候。他們對「本地」文化的自豪感是支持他們的重要來源，但這不應是引發騷亂和暴力的藉口，正如2016年在所謂的「魚蛋革命」中所做的那樣。

使香港再次引人注目

香港應繼續善用其獨特優勢，促進內地（以至亞洲）的核心能力發展。這些優勢包括法律培訓、法律起草、預防貪污、證券監管、公共衛生管理、環境立法、改善斜坡穩定和防洪、郊野公園管理、品質保證、紀律部隊，以及對良好管治至關重要的其他公共領域。

香港在營運醫院、能源供應、銀行和金融、物流組織、管理鐵路服務、機場和海事事務、管理酒店、餐飲業等私營領域的經驗也展現出可以為其他地區所用的重要技能。

香港以會議及展覽舉辦勝地見稱，但在現有常規項目之外，香港特區仍有空間（且有必要）考慮主辦更多盛會。她可以利用其處理對外事務的能力，爭取香港申辦各類小型或大型國際會議；並鼓勵商界、學術界、專業領域及慈善團體在激發跨學科合作方面發揮作用。通過促進嚴肅、不受限制和積極的討論，此等活動可以令香港成為能夠產生重大增值的地方。

一個新的敍事將會出現。它不能只是通過政府或者由建制派或反對派來敍述。私企營業，尤其是那些在全球都有經營業務的，也同樣重要，甚至還可以為敍事提供部分觀點。香港特別行政區回歸後全新的敍事必須逐漸遠離這種以「喪失自治與自由」為既定、首要主軸的防禦性敍事。我們可以依靠大量認為香

港只是「另一個中國城市」的外部觀點。但是，包括反對派在內的香港人不應再對這個經常被口號化的分析添油加醋。人們無需懷疑香港特別行政區為自己創建美好未來的能力。無論如何，許多中國城市都在做令人振奮的事情——香港亦同樣如是。這一敍事必然是對香港作為中國和亞洲一部分在未來所擔當的角色充滿信心。

第九章
譜寫嶄新篇章

親愛的布魯特斯，那錯不在命運，而是在我們自己。

莎士比亞（《凱撒大帝》第1幕）

現在香港面臨的最重要的問題是：作為中國的一部分，她怎樣才能為未來的20年甚至更遠的將來做好充分的準備。香港基本上要自己建構其着眼於未來的積極性敘事，沒有其他人能為香港代勞。最重要的是，香港需要避免陷入一個以狹隘框架為基礎的敘事之中，並認為美好的時光已經逝去。

新的香港敘事需要由眾多相關人士共同塑造。政府需要一個後港英時代的敘事，建立在過去的基礎之上，但又不局限於過去。它必須是獨特的，並展現出一個有意義和令人信服的未來。

一個嶄新的敘事可以緩和香港內部的政治緊張局勢，讓「親建制派」和「反對派」陣營能夠集中精力解決本地問題。協同解決問題的成就可為所有參與人員提供積極經驗。同時，也能為強化自信心、逐漸增強對國家的尊重，以及重新獲得國際社會的積極關注提供良好的基礎。

私營企業，尤其是慈善團體，通過支持可提升知識和能力的重要項目，為譜寫中的香港敘事作出巨大貢獻。這將有助於香港的內部復興，並提升其在區域和全球範圍內的參與度。

香港特別行政區政府需要塑造一個適合政府部門的敘事。這個敘事無論在本地、全國或國際上所訴說的，都應該始終如一，並強調其與聽眾的相關性。

新的敘事應該明確說明，香港特區已經從殖民地香港發展成現在的樣子：中國憲法下的「第二體制」，受《基本法》規管。它必須闡明香港是中華人民共和國的一部分，並忠於這個國家。香港特區有許多較1997年之前更為先進的特點。這些都是值得我們詳細地反思的。

1. 香港現正身處一個地位愈發重要的大國之中，以特別行政區的身分參與區域和國家事務。1997年7月1日顯然是香港非凡歷史的一個重要轉捩點。這絕對不是衰退開始前的頂峰。

2. 對香港特區而言，身為中國的一部分仍然是一個相對嶄新的經歷。經過20年之後，香港已經更了解中港關係如何能以積極的方式運作。就此，下述事項是有意義的：

   • 香港（和澳門）現在是中國五年規劃以及更長期規劃的一部分；

   • 香港（和澳門）可以與深圳和廣東緊密合作，創造大灣區的中心城市，有潛力成為全國其中一個最宜居和創新的地區。此外，香港亦明顯有意，與澳門和廣東展開合作，以促進整個華南地區的發展，創造輝煌：它本身就是國家經濟的重要一部分，並被編入該地區的中國歷史和文化之中。

   • 香港（和澳門）也可以闡明如何為中國的「走出去」戰略作出貢獻，目前這一戰略體現在「一帶一路」倡議中。隨着正在轉變的地緣政治引發愈發強烈的衝擊，中國必須繼續努力處理對外關係。

- 中國邁向現代化的漫長道路，為整個國家帶來不少挑戰，同時也對實現國家復興具有根本意義，香港和香港人可以為此作出貢獻。

3. 對國家而言，香港特別行政區應追求兩個主要目標：確保「一國兩制」繼續運作良好；為國家的進步作出貢獻。

4. 「一國兩制」正在運作。香港在諸多紛爭中奮力前進，香港人知道1997年之後會是一個挑戰，尤其是當「兩個體制」發生衝突之時。在不同情形下，香港人都獲得了啟發。未來仍將存在其他挑戰，而香港有能力應對它們。

5. 香港可以看到中國在復興道路上取得的進步，以及她能為國家進步作出貢獻的各種方式：關鍵在於能否解決香港的實際問題，進而成為內地和世界其他城市的一個示範。在這一努力中，香港的機構應該努力成為世界上的「同類之最」。

6. 香港可以更好地利用其能力和資產，推動香港特區在內地的發展。香港特別行政區在內地的辦事處，有助增進香港對內地機構如何運作的理解。香港需要有卓越的例證來展示自己，並為建設交流平台提供支援。

7. 香港可以憑自身能力，開展對外事務，盡可能聯繫更多國際組織和相關活動。通過這些，香港能為政府和（包括牟利和非牟利的）私營部門提供更多機會，為世界事務作出貢獻。政府部門和官員應盡可能考慮採取最為廣泛的方法，（在《基本法》賦予的權力範圍內）擴大香港特區在對外事務中所擔當的角色。他們應將私營部門包括在內；此外，亦需要招聘實習生在世界各地的經濟貿易辦事處工作，讓香港年輕人嘗試體驗國際事務。

8. 雖然香港在《基本法》規定的框架內致力推行民主改革，但事實上，民主價值觀可以通過廣泛的協商、接觸和對話，在政府機構的日常事務中實行。通過廣邀持份者參與其中，以及改善相關人士參與審議和討論的過程——這是常規政府諮詢機構和協商機構經常缺少的技能，香港特區政府有望改善實行此等做法的方式。

9. 世界事務正在發生巨大的變化。香港現在可以發揮自身的作用，這是1997年之前沒有的。她可以再次憑藉《基本法》賦予的權力，積極促進一系列關鍵的地緣政治討論，例如貿易、海洋和航空事務、氣候變化、瀕危物種非法貿易，以及國際稅收等議題。

10. 在處理各種本地政策時，香港特區政府肩負起促進符合香港最廣泛公共利益的最終責任。在追逐的過程中，將會出現「贏家」和「輸家」。長期存在的既得利益可能需要定期處理，甚至在必要時還需加以遏制。香港社會需要考慮哪些是必須應對的棘手挑戰，並願意就政策方向的必要變化進行認真的研究、調查和對話。

11. 香港特區政府已經意識到，除了那些在殖民地時代獲取的技能之外，她還需要更多技能，以便在國家事務、對外關係、政策制定，以及當代協商、接觸和對話的方式等領域發揮作用。這些皆可通過下列事項來實現：

- 建立本地公務員學院——本屆政府正在計劃之中，並鼓勵各部門設立自己的專業和技能培訓機制，以不斷提升整個行政系統政府官員的能力和實力；

- 鼓勵最有能力的年輕官員在香港從事社區工作，以便與本地社群建立關係，管理城市，並在對外關係中代表香港；

- 促使政策創新與統籌辦事處提升溝通技巧方面的各項能力，以便將這些技巧應用在行政部門的內部審議中，從而改善跨部門和跨學科之間的溝通工作，解決問題，促進政策發展；

- 使更多公共部門官員能夠進入國家設立的行政學院，並與國家當局合作，放寬對內地官員前往香港參加與國家事務、外交和軍事事務相關活動的限制。香港對於這些事務缺乏相關知識，但這些卻是她需要了解的。

- 邀請擁有豐富資源的香港慈善機構協助提供資金，幫助香港增加相應能力，以縮窄其在各個領域存在的知識和經驗差距。慈善活動可資助大學和智庫的研究，包括相關會議、研討會、工作坊、展覽、競賽、活動和項目等，令香港人能夠更廣泛地填補所缺乏的相關經驗，以及協助香港青年參加國際活動和獲取在內地和海外工作的經驗。

12. 香港特區現在可以與北京當局討論為來自香港的中國國民開放國家對外事務和軍事事務的可能性。香港還可以探討年輕人才如何能夠在聯合國及其轄下機構（如世界衛生組織、世界氣象組織和國際海事組織）、亞洲開發銀行、亞洲基礎設施投資銀行和世界貿易組織等國際組織中實習或工作 。

緩解緊張的政治局勢

如果香港社會接受上述闡釋的核心原則 （因為存在廣泛的共通點），香港特別行政區就不會陷入因中港關係所引致的政治分裂的泥潭之中。香港特區政府將有更多時間集中精力解決所有實際問題。

　　政治「建制派」和「反對派」確實存在很多共通點。他們最大的分歧就是關於香港與內地的關係。如果這種緊張局勢能得以緩解，他們就可以花時間尋找和協商解決方案，而非不斷針對中港關係而爭論不休。

　　建制派陣營不會經常覺得自己有義務詳述北京當局的觀點，以應對本地含蓄或明確地挑戰國家統一和領土完整的挑釁行為。反對派陣營也不必在立法會中上演令人疲憊與讓人生厭的鬧劇，而政客之所以這樣做是因為他們覺得別無他法，只能用如此粗暴的方式引人關注。

香港——瑰寶之地

　　如前所述，香港（和澳門）是包括廣東在內的華南地區敍事的重要一部分。這些地方共同構成了該區域的歷史和文化根源。華南地區與中國其他地區不同。共同的文化遺產典範包括粵菜、粵劇和粵語。華南地區擁有不少瑰寶之處，此地明顯是進行調查的首選，而香港則是此項研究的一個重要支點。深入研究香港本身獲得的成果，可以成為香港特別行政區不可或缺的資產。

　　除了延續了中國傳統之外，香港還受到來自南亞、東南亞及西方等非中國文化的熏陶。除種族以外，香港的宗教亦同樣多元化，也令香港特區生色不少。

　　不應忽視的是，香港商業史由各行各業共同建構而成，所帶來的貿易和技能對香港，以至於整個中國近代史，包括銀行和金融業、海運業、製造業及物流業等，同樣意義重大。香港的所有這些領域至今仍保持活力，而且在國際間取得卓越成就。

　　為了充分理解香港人的集體經驗，所有這些方面的敍事都是必不可少的要素。理解好這些敍事也可為未來的創新提供一個

起點。建立深層次理解的最佳基礎是要妥善保管豐富的歷史檔案。鑒於香港政府希望通過制定一部全面的檔案法──這是內地有而香港缺乏的，來妥善管理其自身的檔案，在非牟利私營部門和商業部門工作的許多其他人士和慈善家在創建自己公司和行業的檔案中可以發揮不可替代的作用。他們還可以資助這些有價值但卻投資不足的事務。

不言而喻，對於政府部門無法利用公共資金每年向藝術、文化、遺產、學科等領域提供全面支援，慈善機構可以給予資助。發展和參與體育運動，包括武術，是另一個值得獲更多慈善資金支持的領域。事實上，香港在中國武術史上佔有重要的地位。

建制派精英所擁有的巨大財富也應該被有效地利用，以促進科學與技術發展。因為香港年輕人在這些領域缺乏建設能力，所以他們在發展電腦、人工智能和機器人技術等領域將會面臨困難。建制派應該支援環保事業和環境研究，這也是未來在知識和就業方面會增長的重要領域。

所有能夠幫助香港在新知識、新觀念和新工作方面處於領先地位的人都應該行動起來。香港最大的風險在於被舊有殖民地香港的理念束縛着她對現在和未來的憧憬，同時也因為內地在邁向發展和現代化的道路上面臨許多挑戰，而貶低了自己的機會。

香港在中國

我們在最後一章的開始說過，香港現在面臨的最重要的問題是：作為中國的一部分，她怎樣才能為未來的20年甚至更遠的將來做好充分的準備？

　　我們應該言明一點，就是我們對於這個問題沒有任何完整的答案。然而，我們在本書反覆所説的是，隨着時間流逝，香港顯然有必要創造屬於自己的實用且有效答案，與北京展開建設性的合作。近一百八十年來，近代香港在處理任何一項事務上都非常出色。這個「遊戲」中的許多關鍵元素都是嶄新和富有挑戰性的，但香港擁有非常好的優勢，而且所獲得的額外機遇都是引人注目的，並往往鶴立雞群，令人信服。

　　首先，有必要重新審視香港面臨的主要挑戰。

　　香港現在永久地成為中華人民共和國的一部分。中國已成功創造了一個一黨制國家。雖然執政黨是一個廣泛的教會（約有9,000萬成員），並希望拓展其在世界上的影響力（尤其是自40年前實行改革開放以來），但中國仍然是一個一黨制國家，不能容忍在內地存在有組織的另類政治聲音：西方式的自由多元主義政治被禁止。為了在一個框架之下容納半民主、多元化的香港，「一國兩制」的核心理念已經被運用。香港特別行政區被授予自己的小型憲法：《基本法》。

　　以往，英國人採用一種非常成功、愈發趨向協商形式的威權主義體制來統治香港。在港英時代末期，經北京當局同意之下，一項體制改革被引入，允許直接選舉少數的立法會議員。《基本法》強調，在1997年之後，這一民主參與程度有可能擴大，最終目標是達致由普選產生行政長官（《基本法》第45條）和立法會議員（《基本法》第68條）。這兩項條文都強調應該將「循序漸進」原則應用到1997年之後的政治改革中。

　　對於許多人來説，香港特別行政區在過去實現普選，才是「一國兩制」成功的先兆。這為香港引來很大的麻煩：只要並未實現全面普選，反對派就會懷疑香港與內地進行的其他形式建設性接觸。正因為這種壓倒一切的觀點，香港經常喪失一些合作的機會。

　　儘管如此，一些反對派成員和北京當局還是同意進行這項有意義的政治改革，以提升2012年立法會選舉的民主參與程度。然而，那些「妥協」的人後來因為「出爾反爾」而被詆毀。隨後，正如本書第二部分所解釋的那樣，來自「佔中運動」示威遊行的壓力使得北京當局在2014年提出的一系列政治改革方案於2015年在立法會中被泛民主派否決。這個提議原本能夠也應當被接受。方案被否決是一個嚴重的錯誤。香港被阻止在2017年以直接選舉方式，從提交的提名名單中選出行政長官，而圍繞此類選舉作進一步改革的辯論也被叫停。因此，香港特別行政區無法逐步建立起一個備受控制，但卻更為民主的選舉制度。此外，中國也被剝奪了自1949年以來（在香港特別行政區）進行第一次關鍵性政治改革的機會，這是一次在最高行政級別進行的對照實驗，涉及到彼此存在競爭關係的參選人和普選。

　　除了這些選舉改革所引發的內在憂慮之外，對於《基本法》第三章所保障的言論與集會自由會有怎樣的法律限制，香港也出現了不斷增多的爭論與內部辯論（參見本書第一部分）。在最近發生的大多數事件中，維護言論自由和保護國家安全之間存在着緊張關係。

　　這裏的國家安全並不是指香港特區的安全，或者香港對維護中國國家安全所持的看法。這關乎中國對於中國國家安全意味着什麼的看法。國家當局的看法不僅由內部壓力所塑造，而且也深受外部壓力的影響。一年多以來，中美之間的貿易衝突和強硬外交的激烈程度愈來愈大。美國朝野內外許多著名的評論家已經非常明確地表示有必要控制和抑制中國的崛起，並嘗試說服甚至是強迫盟友和夥伴加入遏制中國戰略。碰巧的是，其大量行動正是以有需要維護「美國國家安全」為正當理由。

　　其中一個令兩國緊張局勢加劇的例子就是，加拿大應美國請求，於2018年12月逮捕了一家中國著名跨國公司華為的首席財

務官。一些評論員將這次逮捕行動說成是以合法化的劫持人質形式，旨在加強美國在中美貿易戰中討價還價的能力。

> 相當明顯，美國的行動⋯⋯實際上似乎是⋯⋯一個⋯⋯更廣泛嘗試的其中一部分，即通過徵收關稅、關閉西方市場對中國高科技出口的通道，以及阻止中國收購美國和歐洲技術公司等手段來破壞（中國的）經濟。沒有誇大其詞，這是對中國進行經濟戰的一部分，而且是一次不計後果的魯莽之舉。

隨後，中國政府還以顏色：兩名在華工作的加拿大人（聲稱基於國家安全的理由）在中國被拘留。美國總統在某種程度上確認了這種舊有的國際談判方式，並表示如果此舉有助美國與中國達成貿易協定，他將會介入逮捕華為首席財務官的行動。

在中美關係比自毛澤東時代以來的任何時期都更為緊張之時，香港的反對派必須謹慎處理其對北京當局和香港特區政府的不滿，確保不能被外國勢力利用，成為另一個攻擊中國的理由。在美國和蘇聯之間的冷戰過程中，兩個國家在意識形態、政治上、軍事和經濟上互相攻擊了大約四十年。希望同樣的情形不會發生在中國與美國之間，而且在任何情形下，香港將不會夾在雙方中間。

本書第六章（在第二部分）指出，近代香港一直依賴其與中國的關係，為的是其存在本身，以及長期以來所取得的舉世矚目成就與穩定。雖然殖民地時代已經結束，但香港特別行政區仍然從根本上依賴內地的穩定、繁榮和成功。

1997年，內地經濟規模有香港本地生產總值的五倍左右。然而，在不足20年的時間裏，內地經濟規模已經比香港特別行政區的經濟規模高出33倍。內地經濟繼續以比香港明顯更高的速度增長。當然，這些GDP統計數字只是一項大概的指標。但香港和

內地確實非常重視這項指標。這個敍事不僅意味着香港擁有持續超常增長的潛在機遇，還證實了內地在維持香港特別行政區經濟繁榮和經濟穩定方面是如何發揮根本性作用的。

雖然今天中國的非凡崛起似乎讓美國感到困惑和焦慮，但她的崛起無疑令香港獲益甚多。收入差距確實擴大了，但香港公共財政也確實比以往任何時候都更為穩健。在住房、教育、交通和通訊基礎設施、環境保護，以及健康和長者護理等領域提供的服務都可以改善。所有這些都獲得穩步改善，而且往往比許多西方發達國家做得更好。

缺乏穩固的繁榮基礎，將難以建立和維持社會和政治穩定。與港英時代一樣，香港特區似乎同樣對支撐經濟穩定的基礎給予高度重視。香港大學在2015年向三千多名香港居民進行的隨機調查顯示，近六成受訪者認為維護社會秩序比保護個人自由更為重要。

儘管香港與內地的關係緊張，而且每天都有關於雙方出現摩擦的頭條新聞出現，但彼此之間仍存在堅實的基礎。雙方可在此基礎上進行更為平靜的互動和交流，以緩解緊張局勢。香港與內地之間在許多層面都有着緊密的聯繫，應該通過對話來解決和管理問題。

本書所論及的內容可以簡單歸納如下。首先，香港在很大程度上歸功於舊有的殖民地時代香港敍事。其次，這一敍事可以影響，但不應限制新的香港敍事之形成。第三，香港是一個獨一無二的地方。1955年的一部著名電影《生死戀》（*Love Is a Many-Splendored Thing*），更以「瑰寶之地」的香港為背景[2]，而現在她也並未逐漸淪為「另一個內地城市」。

---

2. 1955年，美國20世紀福克斯公司將華人女作家韓素音用英文寫就的自傳體小說《瑰寶》（*A Many Splendored Thing*）搬上銀幕，譯名為《生死戀》（*Love Is a Many Splendored Thing*）。該片講述了一位美國記者在朝鮮戰爭期間被派到香港採訪新聞，跟歐亞混血的女醫生墜入愛河，卻以悲劇收場的故事。該片次年榮膺三項奧斯卡獎，韓素音本人也因此馳譽國際文壇。

　　除了保持其絕妙的獨特性之外，香港與生俱來便會隨着時間流逝，創造出屬於自己的實用且有效的嶄新敍事。這將需要更為巧妙地將香港在華南地區的歷史與文化環境下匯聚的色彩和情感編寫起來。走出旅遊廣告中的庸俗膚淺，「瑰寶之地」之所以成為現實是建基於深厚的理解，而這是香港必須繼續投放資源的地方。香港本身必須提出新的視角，而這些視角需要建立在有關現在和未來的建設性遠見的基礎之上。

　　香港正穩步融入中國之中，而這是無可避免的。無論對香港特區，還是內地而言，這都可以而且應該是一次很好的經歷。香港需要集體性、建設性的思考，並非常努力地塑造這個融入過程，以保護香港的特殊身分，明確地幫助中國邁向進步。

參考資料——第一部分

Buddle, Cliff, "Can Beijing's power to interpret Hong Kong's Basic Law ever be questioned?", *South China Morning Post*, 17 October 2017.

Cheung, Kimmy Cheung, "Pro-independence Taiwanese lawmakers launch support group for Hong Kong democracy", *South China Morning Post*, 12 June 2017.

Cheung, Kimmy, Lum, Alvin and Lam, Jeffie, "What Hong Kong crackdown on pro-independence party means for freedom in the city", *South China Morning Post*, 18 July 2018.

Cheung, Tony, "The Sunflower and the Umbrella: Hong Kong activists travel to Taiwan, call for closer times, new policies for incoming government", *South China Morning Post*, 17 January 2016.

Cheung, Tony, "No timetable on national security law, Hong Kong leader insists, but officials working to create favourable conditions", *South China Morning Post*, 17 April 2018.

Cottrell, Robert, *The End of Hong Kong: The Secret Diplomacy of Imperial Retreat*, (John Murray, London, 1993).

Cullen, Richard and Tso, Kevin, "Using Opium as a Public Revenue Source – Not as Easy as it Looks: The British Hong Kong Experience" (2012) *British Tax Review*, 226.

Cullen, Richard, "Opponents of co-location ignore 'living law' model" *China Daily*, 2 February 2018, 8.

Elleman, Bruce A, *Wilson and China: A Revised History of the Shandong Question*, (M. E. Sharpe, Armonk, 2002).

French, Paul, *Betrayal in Paris – How the Treaty of Versailles led to China's Long Revolution* (Penguin, Melbourne, 2014).

Fu, Hualing, "Fu on Building Hong Kong's Future", *HKU Legal Scholarship Blog*, November 27, 2014, available at: http://researchblog.law.hku.hk/2014/11/fu-on-building-hong-kongs-future.html.

Lee, Connie, *Society and Policing in Hong Kong: A Study of the 1956 Riot*, Master of Social Science Dissertation – 1995, available at: https://hub.hku.hk/bitstream/10722/27467/1/FullText.pdf.

Hu, Sheng, *From the Opium War to the May Fourth Movement* (Foreign Language Press, Beijing, 1991).

Hughes, Richard, *Borrowed Place, Borrowed Time: Hong Kong and its Many Faces* (2nd ed.) (Andre Deutsch, London, 1976).

Kaiman, Jonathan, "Mystery deepens over apparent abduction of Chinese billionaire in Hong Kong", *Los Angeles Times*, 13 February 2017.

Khan, Sulmaan Wasif, *Haunted By Chaos: China's Grand Strategy from Mao Zedong to Xi Jinping*, (Harvard University Press, Cambridge, 2018).

Lam, Jeffie, Cheung, Tony and Sum, Lok-kei, "Backlash as Hong Kong rejects visa of British journalist in free speech row", *South China Morning Post*, 5 October, 2018, available at: https://www.scmp.com/news/hong-kong/politics/article/2167149/hong-kong-denies-visa-renewal-foreign-journalist-who-chaired.

Lau, Chris, "Timeline and map; how the Mong Kok street hawker hygiene clampdown became a full-scale riot", *South China Morning Post*, 9 February, 2016, available at: http://www.scmp.com/news/hong-kong/politics/article/1910858/timeline-and-map-how-mong-kok-street-hawker-hygiene.

Lau, Kong Yung v Director of Immigration (1999) 3 HLLRD, 778 (CFA).

Lau, Stuart, "Radical Hong Kong lawmaker reflects on leaving office after 31 years in political opposition", *South China Morning Post*, 18 July, 2016.

Lau, Stuart, Ngo, Jennifer, Lau, Chris, Kao, Ernest and Sun, Nikki, "Mong Kok riot: how Hong Kong's first night in the Year of the Monkey descended into mayhem", *South China Morning Post*, 10 February, 2016, available at: http://www.scmp.com/news/hong-kong/article/1911341/mong-kok-riot-how-hong-kongs-first-night-year-monkey-descended-mayhem.

Li, Dazhao, "The Victory of Bolshevism", 1918, available at: https://www.lsu.edu/faculty/mzanasi/china/modernchina/lidazhao.htm

Li, Joseph, Tse-Hei, "New 'Yellow Peril' Fears Roil Chinese Economy", *Taipei Times*, 17 September, 2018, available at: http://www.taipeitimes.com/News/editorials/archives/2018/09/17/2003700571.

Lovell, Julia, *The Opium War: Drugs, Dreams, and the Making of Modern China*, (Overlook Press, New York, 2015).

Lo, Sonny, *Hong Kong's Indigenous Democracy* (Palgrave-Macmillan, Basingstoke, 2015).

"Legislative Council oath-taking saga", *South China Morning Post*, available at: https://www.scmp.com/topics/legislative-council-oath-taking-saga.

Loh, Christine and Civic Exchange, *At the Epicentre: Hong Kong and the SARS Outbreak*, (Hong Kong University Press, Hong Kong, 2004).

Loh, Christine, *Underground Front: The Chinese Communist Party in Hong Kong* (Hong Kong University Press, Hong Kong, 2010).

Mason, Anthony, "The Rule of Law in the Shadow of the Giant" (2011) 33 *Sydney Law Review*, 623.

Matten, Marc Andre (ed.), *Places of Memory in Modern China: History, Politics, and Identity* (Brill, Leiden, 2012).

Ngo, Jennifer and Lam, Jeffie, "Beijing officials accuses booksellers of 'destroying' Hong Kong's governing policy", *South China Morning Post*, 2 July 2016.

Platt, Stephen R, *Imperial Twilight: The Opium War and the End of China's Last Golden Age* (Knopf, New York, 2018).

"Public Order Event Statistics", *Hong Kong Police Force*, available at: http://www.police.gov.hk/ppp_en/09_statistics/poes.html.

Quackenbush, Casey, "In Defiance of China, a Pro-Independence Activist Speaks at Hong Kong's Foreign Correspondents Club", *Time*, 14 August, 2018, available at: http://time.com/5365243/hong-kong-china-andy-chan-foreign-correspondents-club-fcc/.

Sino-British Joint Declaration 1984.

Summers, Tim, "White Paper Does Not Mark Major Shift on Hong Kong", *Chatham House*, 11 July, 2014, available at: https://www.chathamhouse.org/expert/comment/15140.

Tarabay, Jamie, "CIA official: China wants to replace US as world superpower", *CNN Politics*, 21 July 2018, available at: https://edition.cnn.com/2018/07/20/politics/china-cold-war-us-superpower-influence/index.html.

Theroux, Paul, "Atlantic Interview – All Change is Fascinating", *The Atlantic*, 3 July, 1997, available at: https://www.theatlantic.com/past/docs/unbound/bookauth/ptint.htm.

Wang, Joseph, "Was Occupy Central a Failure?" *Quora*, available at: https://www.quora.com/Was-Occupy-Central-a-failure.

White Paper: Information Office of the State Council, "The Practice of the 'One Country, Two Systems' Policy in the Hong Kong Special Administrative Region", June 2014.

Yang, Xiaonan, "Legislative Interpretations by the Standing Committee of the National People's Congress in China" (2008) 38 *Hong Kong Law Journal*, 255.

參考資料——第二部分

Ang, Yuen Yuen, "Autocracy With Chinese Characteristics: Beijing's Behind-the-Scenes Reform", *Foreign Affairs*, May/June 2018, 39.

Baker, Jalelah Abu, "ASEAN-US ties 'healthy' but to be seen in backdrop of US-China relationship: PM Lee," *Channel NewsAsia*, 15 November, 2018, available at: https://www.channelnewsasia.com/news/asean2018/asean-us-ties-healthy-but-need-to-be-seen-in-backdrop-of-us-10933206.

Bell, Daniel A, "The China Model: Political Meritocracy and the Limits of Democracy", (Princeton University Press, Princeton, 2015).

Belt and Road Initiative - China State Council, http://english.gov.cn/beltAndRoad/.

China's State Council published "Made in China 2025" in 2015 articulating how China would improve manufacturing capabilities to become an advanced production economy by 2025

Lum, Alvin, Chung, Kimmy and Lam, Jeffie, "What Hong Kong crackdown on pro-independence party means for freedom in the city", *South China Morning Post*, 18 July, 2018, available at: https://www.scmp.com/news/hong-kong/politics/article/2155716/what-hong-kong-crackdown-pro-independence-party-means.

Cullen, Richard, "Consumption Tax Reform in America: Below the Radar but Underway" *IPP Review*, 8 October 2018, available at: https://ippreview.com/index.php/Blog/single/id/805.html.

Cullen, Richard, "The New US Perception of China", *IPP Review*, 26 April 2018, available at: https://ippreview.com/index.php/Blog/single/id/694.html.

Freedman, Milton, "Milton Friedman on Hong Kong's Future", *The Wall Street Journal*, 12 February 1997.

Fu, Ying, "Can China-US ties step back from the edge?", *China Daily*, 1 November, 2018, available at: http://www.chinadaily.com.cn/a/201811/01/WS5bda365ca310eff303285c90.html.

Fukuyama, Francis, "The End of History?". *The National Interest*, Summer, 1989, available at: https://www.embl.de/aboutus/science_society/discussion/discussion_2006/ref1-22june06.pdf

Hendry, Erica R., "Read Mueller's full indictment against 12 Russian officers for election interference" *PBS Newshour*, 13 July, 2018, available at: https://www.pbs.org/newshour/nation/read-muellers-full-indictment-against-12-russian-officers-for-election-interference.

Jingtao, Shi and Churchill, Owen, "US competes with China's Belt and Road Initiative with US$113 million Asian investment program", *South China Morning Post*, 30 July 2018.

Lighthizer, Robert, Bloomberg Report - US Senate Committee, March 2018, available at: https://www.bloomberg.com/news/articles/2018-04-10/how-made-in-china-2025-frames-trump-s-trade-threats-quicktake.

Mounk, Yascha and Foa, Robert Stefan, "The End of the Democratic Century: Autocracy's Global Ascendance", *Foreign Affairs*, May/June 2018, available at https://www.foreignaffairs.com/articles/2018-04-16/end-democratic-century.

Nathan, Andrew J., "Authoritarian Resilience", (2003) 14 *Journal of Democracy*, 1.

Office of the US Trade Representative, 2018 Trade Policy Agenda and 2017 Annual Report, February 2018, available at: https://ustr.gov/about-us/policy-offices/press-office/reports-and-publications/2018/2018-trade-policy-agenda-and-2017.

Ringen, Stein, *The Perfect Dictatorship: China in the 21st Century* (Hong Kong University Press, Hong Kong 2016).

Stone Fish, Isaac, "Is China Becoming the World's Most Likeable Superpower?" *The Atlantic*, 2 June, 2017, available at: https://www.theatlantic.com/international/archive/2017/06/china-jinping-trump-america-first-keqiang/529014/.

Tarabay, Jamie, "CIA official: China wants to replace US as world superpower", *CNN Politics*, 21 July, 2018, available at: https://edition.cnn.com/2018/07/20/politics/china-cold-war-us-superpower-influence/index.html.

US-China Economic Security Review Commission, 2017 Annual Report, available at: https://www.uscc.gov/Annual_Reports/2017-annual-report.

US Energy Information Administration, Annual Energy Outlook 2018, available at: https://www.eia.gov/outlooks/aeo/.

Von Der Burchand, Hans and Hanke, Jakob, "EU-US trade truce falters on Day 1 over farming" *Politico*, 26 July, 2018, available at: https://www.politico.eu/article/eu-us-trade-truce-falters-on-day-1-over-farming/.

Xu, Chenggang, "Political and Economic Institutions of China and Their Influence", *CEPR Discussion Paper DP 10320*, available at: https://papers.ssrn.com/sol3/papers.cfm?abstract_id=2554395

參考資料——第三部分

The Basic Law of the Hong Kong Special Administrative Region of the People's Republic of China (1990) (enacted by the National People's Congress of the People's Republic of China)

Black, Christopher, "Canada takes a Hostage: Free Meng Wanzhou", *New Eastern Outlook*, 8 December, 2018, available at: https://journal-neo. org/2018/12/08/canada-takes-a-hostage-free-meng-wanzhou/.

Cullen, Richard, "Hong Kong, The Chinese National Anthem and the Basic Law" *IPP Review*, 9 March, 2018, available at: https://ippreview.com/ index.php/Index/author/id/148.html.

Cullen, Richard and Campbell, David, "Understanding Authoritarian Legality in Hong Kong: What can Dicey and Rawls tell us?" in (Chen and Fu (editors)) *Authoritarian Legality in Asia: Formation, Development and Transition* (Cambridge University Press, Cambridge, 2019) (forthcoming).

Han, Suyin, *A Many-Splendoured Thing* (Jonathan Cape. London, 1952) (Later made into an Oscar-winning film also set in Hong Kong: Love is a Many-Splendoured Thing – see: https://en.wikipedia.org/wiki/Love_Is_a_ Many-Splendored_Thing_(film).)

Hughes, Richard, *Borrowed Place, Borrowed Time: Hong Kong and its Many Faces*" (2nd ed.) (Andre Deutsch, London, 1976).

The Joint Declaration of the Government of the United Kingdom of Great Britain and Northern Ireland and the Government of the People's Republic of China on the Question of Hong Kong (1984).

Lee, Timothy B., "Hong Kong used to be 18 percent of China's GDP. Now it's 3 percent", *Vox China*, 28 September, 2014, available at: http://www.vox. com/2014/9/28/6857567/hong-kong-used-to-be-18-percent-of-chinas-gdp-now-its-3-percent.

Lo, Sonny, Shiu-Hing, "Ideologies and Factionalism in Beijing-Hong Kong Relations" (2018) 58, *Asian Survey*, 392.

McDermid, Charles, "Volatility, Uncertainty: What Asia has to Fear from Brexit Turmoil" *South China Morning Post*, 11 December, 2018, available at: https://www.scmp.com/week-asia/politics/article/2177471/volatility-uncertainty-what-asia-has-fear-brexit-turmoil.

O'Toole, Fintan, "How Brexit Broke Up Britain" *New York Review of Books*, 13 November, 2018, available at: https://www.nybooks.com/daily/2018/11/13/ how-brexit-broke-up-britain/.

Reuters, "Donald Trump says he would intervene in the arrest of Huawei CFO, Sabrina Meng, Wanzhou if it helped secure trade deal with China", *South China Morning Post*, 12 December, 2018, available at: https://beta.scmp.com/news/china/diplomacy/article/2177540/donald-trump-says-would-intervene-arrest-huawei-cfo-sabrina.

Sachs, Jeffrey D., "The U.S., not China, is the real threat to international rule of law", *The Globe and Mail*, 10 December, 2018, available at: https://www.theglobeandmail.com/opinion/article-the-us-not-china-is-the-real-threat-to-international-rule-of-law/.

Tai, Benny, "Challenges to rule of law in semi-authoritarian Hong Kong" Manuscript on file with Richard Cullen.

Tiezzi, Shannon, "How to Rewrite the Hong Kong Story: An Interview with Christine Loh and Richard Cullen on Their New Book", *The Diplomat,* 10 November, 2018, available at: https://thediplomat.com/2018/11/how-to-rewrite-the-hong-kong-story/.

Vaswani, Karishma, "Huawei arrest of Meng Wanzhou: A 'hostage' in a new US-China tech war", *BBC News*, 6 December, 2018, available at: https://www.bbc.com/news/business-46468088.

Zhang, Phoebe, "Former Canadian diplomat Michael Kovrig detained in China after arrest of Huawei CFO Sabrina Meng Wanzhou in Canada", 11 December, 2018, available at: https://www.scmp.com/news/china/diplomacy/article/2177515/former-canadian-diplomat-michael-kovrig-detained-china.